Marcia Ford
WIE VERZEIHEN WIRKLICH GELINGT
Warum Vergebung heilt

Marcia Ford

WIE VERZEIHEN WIRKLICH GELINGT

Warum Vergebung heilt

Aus dem Englischen von
Astrid Ogbeiwi

Aquamarin Verlag

1. Auflage 2013
© der deutschen Ausgabe:
Aquamarin Verlag GmbH
Voglherd 1 • D-85567 Grafing

Titel der amerikanischen Originalausgabe:
The Sacred Art of Forgiveness
© der amerikanischen Originalausgabe:
2006 Marcia Ford
SkyLight Paths Publishing
A Division of LongHill Partners, Inc., Woodstock, VT 05091

Deutsche Übersetzung von Astrid Ogbeiwi

Umschlaggestaltung: Annette Wagner unter Verwendung von:
© Steshkin Yevgeniys/ 76175764 - Shutterstock.com

Druck: C.H. Beck • Nördlingen
ISBN 978-3-89427-637-9

Inhalt

Wie immer:
Für eine Familie, die alle schlimmen Auswirkungen
meiner von Abgabeterminen gehetzten
Berufung übersteht.

John, Elizabeth und Sarah: Ihr habt mir viel mehr
und viel öfter vergeben, als ich es verdiene.

Einführung

Ich musste fast zwanzig Jahre alt werden, bis ich begriff, was es bedeutet, jemandem wirklich zu vergeben. Damals kam ich mir uralt vor, viel zu alt jedenfalls für eine so grundlegende Lebenslektion. Wie konnte es angehen, dass mir bis dahin noch niemand diese erstaunliche, lebensverändernde Idee erklärt hatte?

Heute, rund fünfunddreißig Jahre später, wird mir klar, wie jung ich für diese unglaubliche Fähigkeit noch war; denn sie ist eine Kunst, und eine heilige noch dazu. Natürlich musste ich diese Kunst im Laufe der Jahre immer wieder neu erlernen und verfeinern, und zuweilen wurden meine Bereitschaft und meine Fähigkeit zu vergeben im höchsten Maß auf die Probe gestellt. Doch meine eigenen Erfahrungen und meine Beobachtungen bei anderen haben mich zu der Überzeugung gebracht, dass Vergebenlernen eine der wichtigsten Lektionen im Leben ist.

Für mich hatte jene erste Lektion in radikaler Vergebung einen Preis, den viele Menschen verständlicherweise nicht würden bezahlen wollen. Es war Ende der Sechzigerjahre, ich war in meinem ersten Jahr am College und frönte schon seit Jahren einem vergnügungssüchtigen Lebensstil nach dem Motto: „Wenn du Lust drauf hast, dann tue es auch." Das Problem war nur, dass das, was im Moment toll war, später einen ziemlich schalen Nachgeschmack hinterließ. Dennoch hatte ich keinen blassen Schimmer, wie ich bleiben lassen sollte, worauf ich Lust hatte. Meine Freunde waren mir dabei genauso wenig eine Hilfe wie ich ihnen. Wir wollten einander einfach nicht eingestehen, dass ein Übermaß an freier Liebe und ein permanent veränderter Bewusstseinszustand nicht unbedingt zu einer stabilen psychischen Gesundheit beitragen. Im Frühjahr meines ersten College-Jahres konnte man mich bestenfalls als Wrack bezeichnen. Ich hätte eigentlich professionelle Hilfe gebraucht, aber denkbar war für mich höchstens, Rat bei jemand Älterem und daher wohl auch Klügerem zu suchen.

Also suchte ich jenen Älteren und Klügeren auf, einen Mann, den ich schon mein ganzes Leben lang kannte und dem ich mein Leben auch anvertraut hätte. Wenn es jemanden gab, dem ich rückhaltlos vertraute, dann war es Elmer. (Nein, er heißt nicht wirklich so. Ich habe festgestellt, dass es manchmal hilft, wenn man sich denjenigen, der einem Unrecht getan hat, als Comic-Figur vorstellt. Und Elmer Fudd passt in diesem Fall hervorragend.) Elmer war immer für mich da gewesen, und auch jetzt würde er mir bestimmt zeigen, wie ich aus dem psychedelischen Schlamassel, in dem ich steckte, wieder herauskäme.

Sie wissen schon, was jetzt kommt, stimmt's? Wie nicht anders zu erwarten, noch bevor ich Mr. Fudd sagen konnte, warum ich vor seiner Tür stand, machte er sich an mich heran. Die schmutzigen Einzelheiten erspare ich uns lieber. Sagen wir einfach, seine Absichten waren eindeutig. Ich konnte mich der Sache entziehen und kam körperlich unversehrt, aber seelisch zerrüttet nach Hause. Elmer hatte mich erfolgreich dazu gebracht, mich noch mehr zu ruinieren. Deshalb habe ich heute nur noch bruchstückhafte Erinnerungen an ein gesamtes College-Jahr, und auch für die übrigen Jahre kann ich meine Hand nicht ins Feuer legen.

Natürlich sind weder mein Verhalten noch mein Gedächtnisverlust allein Elmers Schuld, und ich habe ihm auch meine anschließende Abwärtsspirale nie in die Schuhe geschoben. Es gibt so vieles, was ich ihm vorwerfen kann, da habe ich es gar nicht nötig zu übertreiben. Er hat ganz offenkundig mein Vertrauen zu ihm missbraucht und versucht, mich in einer Zeit größter Verletzlichkeit auszunutzen. Er hat unsere langjährige Beziehung in den Schmutz getreten und mich so behandelt, wie man eine Frau niemals behandeln sollte. Sein Verhalten war abstoßend, widerlich geil und furchterregend. Aber er war eben nicht bloß irgendein Exhibitionist auf der schmuddeligen Seite von Manhattan, jemand, den ich als unheimlichen Spinner hätte abtun können. Er war vielmehr jemand, mit dem ich in Zukunft noch Kontakt haben musste.

Ich war bereits auf dem besten Weg, in Verbitterung und Wut auf alles und jeden sowie in einem zusehends seltsameren gesellschaftlichen Umfeld zu versacken, da nahm mein Leben eine neue Wendung – durch eine persönliche Begegnung mit keinem Geringeren als Gott. Ich war selbst am allermeisten überrascht, dass Gott, den ich bislang so gewissenhaft gemieden hatte, tatsächlich ein persönliches Interesse an mir haben sollte und mir meine Gleichgültigkeit, mit der ich ihm dieses bisher vergolten hatte, so rückhaltlos vergab. Das war schon wirklich sehr cool – aber es hing, wie gesagt, ein Preisschild daran. Denn wie sich herausstellte, erwartete Gott anscheinend, dass auch ich rückhaltlos vergab.

Ich glaube mit jeder Faser meines Wesens, dass Gott mich auch dann lieben würde, wenn ich nicht vergeben könnte. Aber mir wurde frühzeitig klar, dass Gott tatsächlich wusste, was das Beste für mich war, und es mir wesentlich besser ginge, wenn ich mit dem Geist Gottes kooperierte, als wenn ich nach eigenem Gutdünken handelte. Da ich mit meinem eigenen Gutdünken bis dahin sowieso ziemlich schlecht gefahren war, verstand sich die Kooperation für mich eigentlich von selbst.

Ich würde nicht unbedingt sagen, dass Voreingenommenheit zu meinen schlimmsten Charakterfehlern gehört hat, aber aus irgendeinem Grund wurde deutlich, dass der erste Posten auf Gottes Aufgabenliste für mich lautete: „Lerne, andere Menschen so zu sehen, wie Gott sie sieht." Das war ja alles gut und schön, nur dass eben zu diesen „anderen Menschen" auch Elmer gehörte. Dieser Elmer war aber keine Comic-Figur, sondern aus Fleisch und Blut und ein Kind Gottes – und ich würde ihm vergeben müssen.

Seither habe ich sehr viel über Vergebung gelernt, und dies nicht nur, weil ich selbst so oft darum bitten musste. Da ich die Macht der Vergebung selbst erfahren habe, wurde ich quasi zu einer Amateur-Beobachterin, was Vergebung im Leben eines Menschen bewirkt und welche Folgen sie sowohl für denjenigen hat, der vergibt, als auch für den, dem vergeben wird. Außerdem habe ich beobachtet, wie es aussieht, wenn sie fehlt. Und ich kann dir versichern, das ist kein schöner Anblick. Ich habe schnell erkannt, dass Unversöhnlichkeit gleichbedeutend ist mit Hässlichkeit; und diese Erkenntnis verschob die Waagschale eindeutig zugunsten einer vergebungsbereiten Einstellung.

Wenn sich nun meine Beobachtungen über den Akt der Vergebung mit meinem Beruf als Journalistin und Schriftstellerin verbinden, dann kommt am Ende ein Buch dabei heraus. Dieses Buch. Aber warum? Warum brauchen wir noch ein Buch über Vergebung? Die Antwort lautet schlicht: Weil wir es brauchen. Weil Vergebung ein solch knappes Gut ist, müssen wir diese Botschaft immer wieder verkünden, immer wieder hören und immer wieder leben.

Außerdem geht es ja auch darum, wie eine spirituelle Realität für uns greifbar wird. Für manche Menschen ist ein Vergebungs-Ratgeber mit Schritt-für-Schritt-Anleitungen genau das Richtige. Andere bekommen die Idee eher durch ein akademisches Buch zu fassen. Wenn zehn verschiedene Autoren zehn Bücher über Vergebung schreiben, wird jedes einen anderen Leserkreis ansprechen.

Wenn du dich eher von besinnlichen und sehr persönlichen Büchern angesprochen fühlst, dann bist du genau meine Leserin oder mein Leser. Du verstehst auf Anhieb, was ich sage, was wiederum bedeutet, dass dieses Buch gute Chancen hat, dein Leben zum Besseren zu wenden.

Wenn das bei dir geschieht, dann versprich mir bitte, dass du es mich wissen lässt. Ich würde mich sehr freuen, von dir zu hören.

Noch eine wichtige Anmerkung: Im ganzen Buch verwende ich im Zusammenhang mit Gott das maskuline Pronomen. Ich bin mir der weiblichen Eigenschaften Gottes sehr wohl bewusst, und ebenso auch der Konflikte, die durch den Gebrauch geschlechtsspezifischer Pronomen entstehen. Doch tief im Herzen bin ich Schriftstellerin, und als solche ist mir eine klare Ausdrucksweise allemal lieber als ein verhunzter Text, der versucht, es möglichst vielen theologischen Geschmäckern recht zu machen. Wo es möglich ist, vermeide ich den Gebrauch von Pronomen. Aber immer geht das nicht, zumindest nicht ohne jede Menge scheußliche Sätze zu produzieren. Vergib mir bitte, okay?

1

Wieso eigentlich?

Bevor wir uns nun daran machen herauszufinden, was Vergebung ist und was nicht, müssen wir uns mit etwas noch Grundsätzlicherem beschäftigen: Mit der Frage nämlich, *warum* Vergebung wichtig ist. Ich gehe sogar noch einen Schritt weiter zurück und verrate dir, warum es wichtig ist, mit dieser Frage zu beginnen: Weil die meisten Menschen im Allgemeinen genau da anfangen.

Probiere es selbst einmal aus. Rate deiner Freundin, sie solle ihrem Partner verzeihen, dass er auf die E-Mail einer Ex-Freundin eine harmlose Antwort-Mail geschickt hat. Achte auf die ersten Worte aus ihrem Mund. Ich garantiere dir, dass es keine Definition von Vergebung ist. Sehr wahrscheinlich ist es eine bunte Mischung aus empörten Ausrufen und ebenso empörten Fragen: „Ihm *verzeihen*? Warum sollte ich ihm *verzeihen*? Das kommt ja gar nicht in Frage! Ihm verzeihen? Nie im Leben!"

Nein, sie fängt ganz sicher nicht mit einer Definition an.

Wir meinen so sicher zu wissen, was Vergebung ist, dass wir den Schritt der Definition komplett überspringen. Stattdessen recken wir lieber gleich beleidigt das Kinn, richten uns kerzengerade auf und machen unserem berechtigten Ärger unter Schnaufen und Prusten Luft.

Immer neue Fragen drängen sich auf.

Wieso eigentlich? Warum sollte ich jemandem vergeben, der mir wehgetan hat? Warum sollte er die Befriedigung haben zu wissen, dass ich ihm vergeben habe, nachdem er mich betrogen hat? Wenn ich ihm vergebe, betrachtet er das dann nicht als Freibrief, mir immer weiter weh zu tun und erwartet womöglich, dass ich ihm jedes Mal wieder verzeihe? Das ist einfach nicht fair!

> Man kann den Akt der Feindesliebe noch nicht einmal ansatzweise beginnen, ohne zuvor die Notwendigkeit anzuerkennen, dass wir jenen, die uns Böses zufügen und uns verletzen, immer wieder vergeben müssen.
> MARTIN LUTHER KING

> Vergebung ist ein Geschenk von hohem Wert. Doch sie kostet nichts.
> BETTY SMITH

Nein, fair ist das wirklich nicht. Bei der Vergebung geht es nicht um Fairness. Ebenso wenig geht es darum, denjenigen, der dir Unrecht getan hat, zum Weitermachen zu ermuntern. Es geht sogar überhaupt nicht um den Täter.

Bei der Vergebung geht es hauptsächlich um dich.

Um Dich! Es geht darum, dass du deine Vergangenheit loslässt, deine Gegenwart veränderst und deine Zukunft schützt. Es geht darum, dir selber das Leben leichter und in gewisser Weise auch die Welt ein wenig besser zu machen.

Es geht um deine beste Seite, um jene edlen Charakterzüge, die in einer großartigen und großherzigen Geste zusammenkommen, die zeigt, wie viel Klasse du hast – Mut, Demut, Mitgefühl, Stärke, Widerstandskraft und Gnade. Es geht um die Geistesgaben, die du zeigst, und um die Gaben, die du erhältst – Liebe, Freude, Frieden, Geduld, Freundlichkeit, Güte, Glaube, Sanftmut und Selbstbeherrschung – immer wenn du einem anderen Menschen Vergebung schenkst.

Doch die Fragen wollen immer noch nicht verstummen. Fragen wie:

- Ist Vergebung nicht ein Zeichen von Schwäche?
- Was, wenn der Betreffende keinerlei Reue zeigt?
- Muss ich mit meiner Schwester wieder Umgang pflegen, wenn ich ihr vergeben habe?
- Ich dachte, ich hätte meinem Ex-Mann vergeben, aber ich kann einfach nicht vergessen, was er mir angetan hat. Muss ich es vergessen, um wirklich vergeben zu können?

14

- Und was habe ich davon? Schließlich bin ich doch diejenige, der übel mitgespielt wurde; wenn hier jemand Heilung braucht, dann doch ich. Was springt für mich dabei heraus, wenn ich diesem Ungeheuer vergebe?
- Wie kann ich sicher sein, dass er mir nicht noch einmal weh tut?
- Nicht ich muss vergeben – mir muss vergeben werden. Wie kann ich meine Scham überwinden und meine Angst vor der Bitte um Verzeihung loswerden?
- Immer wieder grübele ich über meine missliche Lage nach und suche einen Schuldigen. Aber der einzige Schuldige, den ich finden kann, ist Gott. Kann ich denn *Gott* auch vergeben?
- In der Bibel steht, ich muss demselben Menschen irrsinnig oft vergeben. Stimmt das?

> Vergiss nie die drei mächtigen Quellen, aus denen du jederzeit schöpfen kannst: Liebe, Gebet und Vergebung.
>
> H. JACKSON BROWN JUN.

Dies alles sind berechtigte Fragen zur Vergebung, die man fast immer gewähren kann, und zur Versöhnung, die nicht immer möglich und manchmal auch gar nicht wünschenswert ist. Das Beunruhigende an den Fragen sind jedoch die vielen falschen Vorstellungen von Vergebung, die sie zeigen. Bevor diese falschen Vorstellungen nicht zurechtgerückt sind, können wir womöglich kaum begreifen, warum wir denjenigen, die uns Unrecht getan haben, überhaupt vergeben sollten.

Sobald wir jedoch erst einmal besser begriffen haben, was Vergebung ist, können wir wahrscheinlich kaum noch verstehen, warum wir nicht schon längst vergeben haben.

Besinnung

Denke einmal über folgenden Gedanken nach. Er stammt von dem baptistischen Pastor Gordon Atkinson und ist seiner Website www.reallivepreacher.com entnommen:

Es kommt wirklich nicht darauf an, ob derjenige, der dich verletzt hat, Vergebung verdient hat oder nicht. Vergebung ist ein Geschenk, das du dir selber machst. Du hast noch Pläne, und du möchtest nach vorne schauen.

> Wer noch nie einem Feind verziehen hat, hat noch nie eine der höchsten Lebensfreuden genossen.
>
> JOHANN CASPAR LAVATER

Denke über jeden Satz und seine konkrete Bedeutung für dich nach. Wie geht es dir mit der Vorstellung, jemandem zu vergeben, der es nicht verdient hat? Betrachtest du Vergebung als ein Geschenk, das du dir selber machst? Glaubst du, dass es dir hilft, im Leben besser zurechtzukommen, wenn du jemandem vergibst, der dir Unrecht getan hat?

Übung

Erstelle eine Liste deiner Fragen zur Vergebung. Was würdest du an der Idee der Vergebung gerne besser verstehen? Die Idee der Versöhnung? Denke an deine früheren Erfahrungen mit beiden Ideen und überlege, was gut und was schlecht lief. Formuliere deine Eindrücke in Form von Fragen, auf die du dir eine Antwort erhoffst.

Nehmen wir zum Beispiel einmal an, du hast dich vor kurzem mit deiner Freundin ausgesöhnt, aber jetzt kommen dir Zweifel. Dann könntest du deine Bedenken folgendermaßen ausdrücken: Hätte ich mir mehr Zeit lassen sollen? Haben wir uns zu früh wieder versöhnt? Ist ihr wirklich klar, wie weh sie mir getan hat? Warum habe ich immer noch das Gefühl, dass ich ihr nicht trauen kann?

> Der Mensch ist nie so schön, als wenn er um Verzeihung betet oder selbst verzeiht.
>
> JEAN PAUL

Selbst wenn du die Antworten auf deine Fragen am Ende dieses Buches nicht gefunden hast, so hast du doch geklärt, wie du über die Sache denkst, und kannst nun selbst Antworten suchen.

2

Ein Akt der Liebe

Als ich mit meinem ersten Kind schwanger war, las ich alles, was ich über Schwangerschaft, Geburt und Kindererziehung in die Finger bekommen konnte. Natürlich sparten auch sämtliche Frauen in meiner Umgebung, die je ein Kind geboren hatten, nicht mit gutem Rat zu allem und jedem – von den besten Nahrungsmitteln in der Stillzeit bis zu den Vorbereitungen auf den ersten Schultag.

Aber niemand bereitete mich auf die erstaunliche Erkenntnis vor, dass ich bis zu dem Tag, an dem meine Tochter geboren wurde, kaum etwas über die Liebe gewusst hatte. Ich dachte, ich würde mich mit der Liebe in all ihrer spirituellen, körperlichen und emotionalen Herrlichkeit auskennen, aber an jenem Tag habe ich eine neue, tiefere Lektion über die Liebe entdeckt: Liebe ist, wenn du weißt, dass du dich erschießen lassen würdest, um deinem Kind das Leben zu retten.

Doch dies ist noch weit entfernt von jener Liebe, die den Akt der Vergebung häufig begleitet; und es liegen wiederum viele Liebesstufen zwischen der Liebe eines Vaters oder einer Mutter zu ihrem Kind und der Liebe, die Gott uns schenkt, damit wir zum Beispiel einem Unbekannten vergeben können, der über eine rote Ampel brettert und dabei eine Mutter und ihre ungeborenen Zwillinge umbringt. Diese Liebe hat nichts mit der Liebe zu tun, die wir mit Familie, Freunden oder Liebespartnern assoziieren. Manche Spielarten der Liebe erscheinen uns ganz natürlich; andere hingegen können nur übernatürlich sein.

Einem Menschen zu vergeben, der uns tief verletzt hat, ist gegen die menschliche Natur. Genau deshalb müssen wir auf übermenschliche Kräfte zurückgreifen, damit uns dies gelingt. Aber dann schlägt Gott uns ein Schnippchen: Die Kraft zu vergeben geht Hand in Hand mit der Kraft zu lieben. Und siehe, schon stehen wir da, sprachlos vor lauter Liebe zu jemandem, dem wir doch eigentlich bloß vergeben wollten.

Vermutlich können wir diese Liebe ablehnen, aber eine solche Vergebung wäre keine echte Vergebung. „Wenn wir uns dafür entscheiden, in der Liebe zu bleiben, bis diese sich vollendet, dann entscheiden wir uns damit zugleich dafür, Vollendung in uns selbst zu suchen", schreibt die Bestseller-Autorin Marianne Williamson in ihrem Buch *Illuminata*. „Vergebung bedeutet nicht, dass wir Wut verdrängen; Vergebung bedeutet, dass wir um ein Wunder gebeten haben: Die Fähigkeit, durch die Fehler, die jemand gemacht hat, hindurch die Wahrheit zu sehen, die in unser aller Herz liegt." Immer, wenn wir vergeben, bitten wir in der Tat um ein Wunder – um das Wunder der übernatürlichen Liebe zu jemandem, den wir einst für einen Feind gehalten haben.

Martin Luther King wusste, was es heißt, seinen Feinden zu vergeben und trotz des Unrechts, das sie über andere gebracht haben, tiefe Liebe zu ihnen zu empfinden. Dass sein Ruhm mit den Jahren stetig wuchs, liegt auch daran, dass die Menschen immer deutlicher die tiefe, beständige Liebe spürten, die er jedermann entgegenbrachte. Sobald der von der Bürgerrechtsbewegung aufgewirbelte Staub sich gelegt hatte, konnten wir umso deutlicher den Gegensatz zwischen dem hasserfüllten Zorn militanter Kämpfer und dem gerechten Zorn Kings erkennen.

King hat uns viele Wahrheiten aus der Heiligen Schrift so überzeugend vorgelebt, dass wir keine Ausrede mehr haben,

> Vergebung ist praktizierte Liebe unter Menschen, die armselig lieben. Sie macht uns frei, ohne eine Gegenleistung zu verlangen.
> HENRI NOUWEN

> Feindseligkeit gegenüber einem anderen Menschen kann nicht im selben Herzen wohnen wie die Liebe zu Gott.
> WILLIAM T. HAM

Wie Verzeihen wirklich gelingt

es ihm nicht nachzutun. Jesus sagt: „Liebt eure Feinde und bittet für die, die euch verfolgen" (Matthäus 5, 44); im Zwischenraum zwischen der Unmöglichkeit, wie Jesus zu sein, und der Vertrautheit dieser Worte finden wir allerdings leicht Ausflüchte, warum wir uns nicht daran zu halten haben. Doch dann kommt ein Mann wie King daher, liebt seine Feinde und bittet für die, die ihn unverhohlen verfolgen – und lässt uns alt aussehen. Es ist möglich, sagt er durch sein Handeln; es ist möglich, zu zürnen und nicht zu sündigen (nach Epheser 4, 26), zu segnen, die euch verfolgen, zu segnen und nicht zu fluchen (Römer 12, 14), eure Feinde zu lieben und wohl zu tun denen, die euch hassen (Lukas 6, 27).

„Die Liebe [stellt] die einzige Kraft dar, die Feinde in Freunde verwandeln kann", hat King einmal gesagt. „Wir befreien uns nie von einem Feind, wenn wir Hass mit Hass vergelten. Wir entledigen uns seiner nur, wenn wir uns von Feindseligkeit frei machen. Seiner ganzen Natur nach zerstört der Hass und zieht hinab. Die Liebe hingegen baut ihrem ganzen Wesen nach auf und ist schöpferisch. Die Liebe verwandelt mit erlösender Gewalt."* Vielleicht verwandelt die Liebe *deinen* Feind nicht in einen Freund, das Entscheidende aber ist, dass sie das könnte; sie hat diese mächtige Kraft.

Wenn du jemandem vergeben hast, dich aber nicht dazu überwinden kannst zu sagen, dass du ihn liebst, dann sei unbesorgt. Vergebung ist so eng mit Liebe verbunden, dass das eine ohne das andere nahezu unmöglich ist. Gut möglich, dass du das Geschenk der übernatürlichen Liebe mit dem Gefühl der Liebe verwechselst. Das eine ist eine spirituelle Realität, das andere eine menschliche Emotion.

> Heute vergebe ich allen, die mir Unrecht getan haben. Ich schenke meine Liebe allen dürstenden Herzen, sowohl jenen, die mich lieben, als auch jenen, die mich nicht lieben.
>
> PARAMAHANSA YOGANANDA

---

* Martin Luther King, *Kraft zum Lieben*, Christliche Verlagsanstalt, Konstanz 1964, S. 67

Besinnung

Welche Lektionen hat die Liebe dich gelehrt? Kannst du unterscheiden zwischen der Liebe als einer übernatürlichen Gabe und der Liebe als einem menschlichen Gefühl? Viele Menschen glauben, dass wir uns täglich neu für die Liebe entscheiden müssen? Woran hat sich das in deinem Leben gezeigt?

> Dem Menschen, der mir aus Dummheit Unrecht tut, werde ich den Schutz meiner vorbehaltlosesten Liebe schenken; und je mehr Böses von ihm kommt, desto mehr Gutes wird von mir kommen.
>
> BUDDHA

Übung

Bitte Gott, dich mit übernatürlicher Liebe zu jemandem zu erfüllen, bei dem es dir sehr schwerfällt, ihn oder sie zu mögen. Es muss kein Feind sein, einfach jemand, der dir auf die Nerven geht. Bete darum, dass der Geist diesen Menschen durch dich liebt, und frage, wie du ihm oder ihr gegenüber liebevoll handeln kannst, bis sich deine Liebe zu ihm einstellt. Dann gehe hin und tue, wozu der Geist dich deinem Empfinden nach anleitet.

3

Mit dir fängt alles an

Barbara hat schon so lange keinen Kontakt mehr zu ihrem Bruder, dass sie inzwischen nicht mehr weiß, wo er sich aufhält. Vor fünf Jahren hätte ihr das nichts ausgemacht; damals war es ihr gleich, ob sie ihn je wiedersehen würde oder nicht. Nach seiner Entlassung aus einer Entzugsklinik hatte er einige Monate bei Barbara und ihrem Mann gewohnt. Aber als sie eine Bierfahne bei ihm roch, warf sie ihn aus dem Haus. Jedenfalls dachte sie, er habe nach Bier gerochen. Nach einiger Zeit fragte sie sich allerdings, ob sie sich nicht doch getäuscht hatte.

Einige Zeit später stellten Barbara und ihr Mann fest, dass Kleinigkeiten fehlten – zumeist nichts Großes, dafür aber Wertvolles, etwa selten getragener Schmuck sowie ein paar Sammlermünzen. Wutentbrannt rief sie ihren Bruder an und warf ihm vor, er habe sie bestohlen. Ja, gab er zu, er habe ein paar Sachen gestohlen und sie verkauft, um eine Wohnung zu finden. Außer sich vor Wut legte Barbara auf und schwor, sie wolle so lange nichts mehr mit ihm zu tun haben, bis er sich entschuldigte und sie um Verzeihung bat.

Doch dann verstarben innerhalb von drei Jahren beide Eltern, und Barbara verspürte das dringende Bedürfnis, sich mit ihrem Bruder zu versöhnen; denn nun war er der Einzige aus ihrer Herkunftsfamilie, der noch lebte. Heute bereut sie es tief, dass sie ihm nie vergeben, ihn nie um Vergebung gebeten und auch nicht versucht hat, sich mit ihm zu versöhnen, solange noch Gelegenheit dazu war. Sie betet regelmäßig darum, dass er irgendwie auf jemandes Radarschirm wieder auftaucht, damit sie mit ihm Kontakt aufnehmen kann.

Barbara hat eine harte Lektion über Vergebung und Versöhnung gelernt: Du kannst nicht darauf warten, dass der andere den ersten Schritt macht. Ich vermute, dass ihr Bruder sich viel zu sehr für sein Verhalten schämte, als dass er je auf die Idee gekommen wäre, sie könnte ihm verzeihen. Deshalb hielt er eine Zeit lang Abstand und verschwand schließlich ganz aus der Wahrnehmung. Als Barbaras Herz sich ihm gegenüber wieder erweicht hatte, war es zu spät.

Doch selbst in Situationen, in denen derjenige, der dir Unrecht getan hat – oder dem du Unrecht getan hast – dir noch regelmäßig begegnet, musst du dich mit der Tatsache anfreunden, dass es wohl an dir liegen wird, den Heilungsprozess in Gang zu setzen. Schließlich bist du es, die gerade ein Buch über Vergebung liest, also hast du dir ganz offensichtlich bereits Gedanken darüber gemacht. Das heißt, du bist am Zug. Wenn eine erste Ahnung in dir aufsteigt, dass du jemandem vergeben oder jemanden um Vergebung bitten musst, dann ist dies aller Wahrscheinlichkeit nach ein recht deutliches Anzeichen dafür, dass du die Initiative ergreifen musst.

> Nur wer verletzt worden ist, kann Heilung bringen. Der andere kann es nicht. Derjenige, der verletzt worden ist, muss bereit sein, sich noch einmal verletzen zu lassen, um Liebe zu zeigen – wenn es überhaupt eine Hoffnung auf Heilung geben soll.
> FRANCIS SCHAEFFER

Nicht einmal ansatzweise kann ich die zahllosen Geschichten über Reue erzählen, die ich von Menschen gehört habe, die sich wünschten, sie hätten getan, was sie wohlwissentlich hätten tun müssen, bevor es zu spät war. Du kannst nicht unbedingt erwarten, geschweige denn dich darauf verlassen, dass ein anderer begreift, dass Vergebung angesagt ist. Schaue dich doch um: Im Fernsehen, in der Werbung, im Kino und in der Musik – überall wird zumeist Rache hinausposaunt, nicht Vergebung. Es ist nicht unmöglich, Inspirationen zur Vergebung zu finden, aber im Alltag heißt es erschreckend oft, wir müssten die Oberhand über jene gewinnen, die uns Unrecht tun. Die Chance, dass jemand über eine Botschaft

Wie Verzeihen wirklich gelingt

der Vergebung stolpert – eine Botschaft, die so eindringlich ist, dass sie sein Herz berührt – ist verschwindend gering. Ein glücklicher Zufall.

Warte nicht auf diesen Zufall. Wenn du jemandem Unrecht getan hast und ihn oder sie um Verzeihung bitten willst, dann schiebe es nicht auf. Barbara hat das zu spät erkannt. Vor dem Rauswurf hatte sie ihren Bruder nie zur Rede gestellt, ob er wieder getrunken habe. Dafür wollte, dafür brauchte sie seine Vergebung. Jetzt erhält sie diese womöglich nie mehr.

Ebenso wollte sie ihn wissen lassen, dass sie ihm seinen Diebstahl verziehen hatte. Vor allem aber wollte sie sich mit ihm versöhnen. Natürlich bestand immer die Möglichkeit, dass er sie abgewiesen hätte, aber zumindest hätte sie dann das gute Gefühl gehabt, es versucht zu haben. Mit einer solchen Reue leben zu müssen, ist besonders schmerzlich. Unsere Unterlassungssünden verursachen oft mehr Leid als unsere Tatsünden.

„Viele Menschen sind bereit, das Richtige zu tun, weil sie tief im Innersten wissen, was richtig ist. Doch sie zögern und warten darauf, dass der andere den ersten Schritt tut – und der wiederum wartet auf dich", betont Marian Anderson.[*] Wenn du in deinem Herzen weißt, was richtig ist, dann warte nicht auf den Anderen. Denn für ihn bist du der Andere – und er wartet darauf, dass du den ersten Schritt tust.

> Vergebung ist die Heilung von Wunden, die ein anderer geschlagen hat. Du entscheidest dich, ein altes Unrecht loszulassen und dich nicht mehr davon verletzen zu lassen. Vergebung ist ein starker Zug. Es ist so, als wenn du dich auf einem überfüllten Gehweg ein wenig zur Seite drehst, um schneller voranzukommen. Du bist am Zug.
>
> GORDON ATKINSON

Besinnung

Überlege, was dich davon abhält, das Richtige zu tun. Denke an alles Mögliche: Angst, Stolz, Unsicherheit, Scham, Peinlichkeit und so weiter. Angst vor Ablehnung ist zum Beispiel ein

---

[*] Marian Anderson, *Mein Leben*, Frick, Pforzheim 1960.

besonders großes Hindernis für Vergebung und Versöhnung. Wie kannst du über diese Faktoren hinauswachsen, um die Initiative zu ergreifen? Denn dass du sie ergreifen solltest, das weißt du eigentlich sehr gut.

Übung

> Groll ist eine Last, die sich mit Erfolg nicht vereinbaren lässt. Sei deshalb stets der Erste, der vergibt, und vergib zuerst immer dir selbst.
>
> DAN ZADRA

Erstelle eine Liste aller Situationen in deinem Leben, bei denen du darauf wartest, dass ein anderer den ersten Schritt tut. Es muss dabei nicht um Vergebung oder Versöhnung gehen. Vielleicht sind andere an der Reihe, dich und deinen Partner zum Essen einzuladen. Doch was macht es schon, wer dran ist? Wenn du dich mit Leuten treffen möchtest, dann lade sie doch einfach zu dir zum Essen ein. Oft ist uns gar nicht klar, wie viel Freude wir uns selbst wegnehmen, bloß weil wir darauf warten, dass ein anderer die Initiative ergreift.

4

Sei spontan

Menschen, die gelernt haben, dass man mit einem gesunden Sinn für Humor besser durchs Leben kommt, begreifen sehr schnell, dass man ein feines Gespür dafür entwickeln muss, welche Grenzen man niemals überschreiten sollte. Humor kann andere auch verletzen – und für alle peinlich sein – wenn du vor lauter Überschwang sämtliche Warnlampen ignorierst, die dir signalisieren, dass du zu weit gegangen bist oder deine unerschöpfliche Witzmaschinerie besser erst gar nicht hättest anwerfen sollen. Hin und wieder, wenn du bereits drauf und dran warst, etwas zu sagen, was du witzig findest, der Versuchung dann aber doch irgendwie widerstehen konntest, weil du gerade noch rechtzeitig erkannt hast, wie unangebracht deine Bemerkung gewesen wäre, musst du einfach glauben, dass es tatsächlich einen Gott gibt, der so mächtig ist, dass er sogar dir den Mund verschließen kann.

Eine solche Begebenheit ist mir so deutlich im Gedächtnis geblieben wie nichts sonst. Ein Blick auf das Display an meinem Telefon zeigte mir, dass einer meiner Brüder – der mich seit Jahren, wenn nicht gar Jahrzehnten nicht mehr angerufen hatte – am anderen Ende der Leitung war. Einem ersten Impuls folgend, wollte ich mich mit einer witzigen, aber zugleich böse sarkastischen Bemerkung melden, doch als ich den Mund aufmachte, kam lediglich ein „Hallo" heraus. Sehr seltsam – ich habe zwar längst vergessen, was ich damals herausschleudern wollte, aber es wäre bestimmt gut gewesen.

Mit tränenerstickter Stimme gestand mir mein Bruder in den folgenden Minuten, wie leid es ihm täte, dass er sich in all den Jahren nicht gemeldet und mir nie gezeigt hätte, wie lieb er mich habe und wie viel ihm an mir liege. „Kannst … du … mir verzeihen?" fragte er schließlich qualvoll stockend. So sehr mich dieses Geständnis anrührte, irgendwie war ich immer noch – *immer noch* – zu Albernheiten aufgelegt. Im Geist hatte ich bereits die perfekte Antwort parat (irgendeine Anspielung auf seine Einschleimerei), aber aus meinem Mund – und meinem Herzen – kam lediglich: „Natürlich verzeihe ich dir. Ich hab dich lieb. Ich werde dich immer lieb haben, und daran wird sich auch nie und nimmer etwas ändern."

> Der Weise wird sich sputen zu vergeben, denn er kennt den hohen Wert der Zeit und erträgt es nicht, dass sie in unnötigem Schmerz verstreicht.
>
> SAMUEL JOHNSON

Seit Langem verfechte ich die Theorie, dass zu den vielen Alltagswundern, die der Geist Gottes vollbringt, auch die folgenden beiden gehören:

Erstes Szenario: Wir sagen etwas völlig Hirnverbranntes zu jemandem, der etwas sehr Tiefsinniges braucht, doch der Geist Gottes packt unsere Worte, repariert sie, massiert sie oder macht mit ihnen, was er will, und verwandelt sie in die Worte, die der andere hören muss. Wir reden wie Homer Simpson, aber unser Gegenüber hört Mutter Teresa. Manchmal lässt Gott einfach nicht zu, dass andere unter unserer Dummheit leiden müssen.

Zweites Szenario: Wir haben vor, etwas völlig Hirnverbranntes zu jemandem zu sagen, der etwas sehr Tiefsinniges braucht, und der Geist Gottes bearbeitet unsere Gedanken, bevor wir sie in Worte fassen. Dies ist eines jener Werke Gottes, für die wir tagelang in tiefer und beständiger Dankbarkeit flach ausgestreckt vor Ihm auf dem Boden liegen sollten.

Danach war mir nach jenem Telefonat zumute, und zwar aus folgendem Grund: Als er seine Fassung wiedergewonnen hatte, sagte mir mein Bruder, er habe ein ganz bestimmtes Gebet gesprochen, bevor er meine Nummer gewählt habe. Er sagte, er war sich nicht sicher, ob Gott ihm je verzeihen oder ihn lieben könnte, deshalb habe er gebetet: „Lieber Gott, das

Erste, was Marcia sagt, wenn ich sie um Verzeihung bitte, das will ich so verstehen, als käme es auch von Dir. Wenn sie mir prompt verzeiht, dann will ich endlich glauben, dass auch Du mir vergibst."

Guter Gott im Himmel! Ich wäre fast auf die Knie gefallen, als mein Bruder mir dies erzählte. Mir schwirrte der Kopf angesichts der ungeheuren Verantwortung, die er mir da aufgeladen hatte. Was, wenn ich auf irgendein klischeehaftes „Das kommt ja gar nicht in die Tüte" verfallen wäre? Oder schlimmer noch, wenn ich ihm völlig humorlos eine Standpauke gehalten hätte – erst eine kleine Pause zum Ausdruck meiner ach so großen Überlegenheit, dann ein tiefer Atemzug und dann Formulierungen wie, es sei auch höchste Zeit, dass er zugäbe, wie sehr er mich vernachlässigt und meine Gefühle mit Füßen getreten habe?

Schaue dir noch einmal an, was er stattdessen zu hören bekam, Worte, von denen er glaubte, sie kämen direkt aus Gottes Herz: „Natürlich verzeihe ich dir. Ich hab dich lieb. Ich werde dich immer lieb haben und daran wird sich auch nie und nimmer etwas ändern." Gott hat ihm vergeben. Gott liebt ihn. Gott wird ihn immer lieben. Und nichts wird jemals etwas an Gottes Liebe zu ihm ändern.

Wir wissen, dass unsere Worte unglaublich schwerwiegende Folgen haben können. Aber das kann auch unser Schweigen, unser Zögern, unsere dramatische, effekthascherische Pause – unser Ton, wenn wir geruhen, einem bloßen Sterblichen Vergebung zu gewähren. Mir steht dabei insbesondere ein Fall vor Augen, bei dem ich die Empfängerin einer solchen „Vergebung" war: Die ausgedehnte Pause meiner Freundin, auf die ein übertriebener Seufzer folgte, sagte mir, dass sie mich erst ein Weilchen zappeln lassen und mir damit eine Lektion ertei-

> Vergebung ist das große Ja. In Übereinstimmung mit den höchsten Idealen unseres Glaubens handelnd, habe ich nicht die Wahl, ob ich dir vergeben *sollte*, sondern ob ich dir vergeben *werde* oder nicht. Und ich muss, wenn ich lebendig sein will.
>
> MARTIN BUBER

len wollte, bevor sie sich herablassen würde, mir zu verzeihen. Das ist nicht Vergebung, das ist blanke Gemeinheit.

Wann immer möglich – wann immer wir tief im Inneren wissen, dass wir jemandem, der uns Unrecht getan und in aufrichtiger Demut um Vergebung gebeten hat, wahrhaft vergeben können – müssen wir ohne Zögern Vergebung gewähren. Die kleinste Pause kann etwas vermitteln, was wir nie beabsichtigt haben – Unsicherheit, Widerwillen, sogar Unaufrichtigkeit. Vergebung ist ein viel zu wertvolles Geschenk, um es auch nur einen Augenblick zurückzuhalten.

Besinnung

Hat dich schon einmal jemand zappeln lassen? Wenn ja, dann weißt du, wie erniedrigend seine Haltung war. Nun sei ehrlich: Hast du schon einmal jemanden erst ein Weilchen zappeln lassen, bevor du nachgegeben und ihm verziehen oder seine Entschuldigung angenommen hast? Wenn ja, dann weißt du, wie herablassend du auf den anderen gewirkt hast. Ich denke, es ist wohl Zeit, dass du dich dafür entschuldigst. Mit Direktheit kannst du so eine demütigende Erfahrung viel leichter überstehen: „Weißt du, ich war echt ein Idiot, als du dich damals bei mir für _____ entschuldigt hast. Ich hätte dir auf der Stelle verzeihen sollen. Aber nein, ich musste dich erst ein bisschen zappeln lassen. Ich kann es selbst nicht fassen, wie gemein ich war. Es tut mir sehr leid, dass ich dich so behandelt habe. Kannst du mir verzeihen? Ach, und ich verstehe natürlich vollkommen, wenn du nicht sofort antworten willst."

> Ertragt einander! Seid nicht nachtragend, wenn euch jemand Unrecht getan hat, sondern vergebt einander, so wie der Herr euch vergeben hat.
>
> Kolosser 3, 12-13 (Gute Nachricht Bibel)

Wie Verzeihen wirklich gelingt

Übung

Es gibt eine Möglichkeit, wie du prompte Vergebung üben kannst, so dass du besser vorbereitet bist, wenn sich echte Gelegenheit dazu bietet. Wenn es dir so geht wie mir, dann kommt dir oft die Galle hoch, wenn du Zeitung liest oder die Abendnachrichten hörst. Vielleicht bringt dich ein politisches Thema auf die Palme und du gerätst besonders über diejenigen in Wallung, die ein Thema durch Falschinformationen oder Täuschungsmanöver verschleiern. Dir fällt eine Retourkutsche nach der anderen ein, mit der du dem aalglatten Politiker, dem unfähigen Experten oder dem strohdummen Redner Paroli bieten würdest, wenn du ihn zu Gesicht bekämst. Das ist die perfekte Gelegenheit, dich in Vergebung zu üben! Du wirst ihm ja nie unter die Augen treten müssen, also kannst du es völlig risikolos tun. Du kannst dem Quatschkopf sofort und ohne Demütigung vergeben. (Ich muss das viel zu oft mit Journalisten-Kolleginnen und -Kollegen machen, denen ich glücklicherweise nie begegnen werde; ich vergebe ihnen im Geiste dafür, dass sie eine solche Schande für einen Beruf sind, den ich so sehr achte.)

> Wem die Kraft fehlt zu vergeben,
> dem fehlt die Kraft zu lieben.
> MARTIN LUTHER KING

5

Aktivisten-Wut

Vor etwa fünfundzwanzig Jahren lernte ich eine junge Frau kennen, die ich hier Sylvia nennen will. Sie arbeitete damals beim Nationalen Kirchenrat an einem Projekt zur Förderung des Stillens (beziehungsweise es sollte Babynahrung oder gereinigtes Wasser zu deren Zubereitung zur Verfügung gestellt werden – worum es genau ging, habe ich längst vergessen). Es richtete sich an Frauen in Drittweltländern, wie man damals sagte. Zwar kann ich mich beim besten Willen nicht mehr an das Ziel ihrer Mission erinnern, aber ihren Furor werde ich nie vergessen. Für sie hatte jeder Aspekt ihres Lebens, im Großen wie im Kleinen, einen Bezug zu dieser Mission. Und jeder, der ihr über den Weg lief, auch ich, war auf irgendeine Art und Weise mit schuld an dem Leid der Mütter, deren Babys starben.

So wichtig ihr Anliegen auch war, die Wut und Feindseligkeit, die sie allen entgegenbrachte, die ihre dogmatische Sicht nicht teilten, führten dazu, dass mehr Leute ihre Sache links liegen ließen als sie unterstützten. Nach ein paar Stunden mit ihr kam ich zu dem unwiderruflichen Schluss, dass aus mir nie eine gute Aktivistin würde. Da ich außerdem seit Langem wusste, dass ich weder eine gute Parteipolitikerin abgäbe noch mich zwischen Liberalen und Konservativen für eine Seite entscheiden könnte, schrumpften meine künftigen Möglichkeiten damit um das Zwei- bis Dreifache, je nach Art der Berechnung.

Damals war mein Eindruck Folgender: Nach allem, was ich bei Aktivisten, Parteipolitikern und Ähnlichem gesehen hatte, waren diese Leute kein besonders versöhnlicher Menschenschlag. Natürlich wurde an dieser Haltung im Laufe der Jahre mehrfach gerüttelt; und auch meiner eigenen Neigung zur Un-

Wie Verzeihen wirklich gelingt

versöhnlichkeit musste ich mich öfter stellen, als ich zugeben mag. Dennoch hat meine erste Einschätzung leider nach wie vor Bestand, und jüngste Ereignisse bestätigen mich darin.

Betrachten wir nur einmal die anhaltenden Konflikte innerhalb der Kirche zur Homosexualität, zur Autorität der Bibel und zur Legitimität der Kirchenpolitik. Die Zukunft der Kirche als solcher steht auf dem Spiel. Am meisten Sorge bereitet mir aber die Wut, Feindseligkeit und Intoleranz, die ich im Laufe dieser Kontroverse beobachtet habe. Damit meine ich nicht die Intoleranz gegenüber Schwulen: Ich meine die Intoleranz untereinander. Die Wut, Feindseligkeit und Intoleranz, von der ich hier spreche, richten Christen gegen Christen. Zugleich fassen sich Woche für Woche Christen an der Hand und beten das „Vater Unser" und erkennen nicht den Bruch zwischen Reden und Handeln.

Ich habe erlebt, dass Eltern den Menschen vergeben, die ihren Kindern das Leben genommen haben, dass Überlebende eines Anschlags den mörderischen Terroristen vergeben und Vergewaltigungsopfer ihren Angreifern. Bekannte Opfer, wie die Missionarin Gracia Burnham, vergeben offen und aufrichtig militanten Entführern und kaltblütigen Mördern. Nur Gläubigen, die bei emotional hoch aufgeladenen Themen wie Abtreibung oder Sexualität auf unterschiedlichen Seiten stehen, fällt es schwer, einander zu vergeben.

> Der Herr hat dich wissen lassen, Mensch, was gut ist und was er von dir erwartet: Halte dich an das Recht, sei menschlich zu deinen Mitmenschen und lebe in steter Verbindung mit deinem Gott!
>
> MICHA 6, 8 (GUTE NACHRICHT BIBEL)

Oder denke nur einmal an den Krieg im Irak. Neulich hörte ich eine Beobachterin in Washington sagen, sie habe es in ihren gesamten dreißig Jahren als politische Insiderin noch nie erlebt, dass ein solches Maß an Verbitterung die Hauptstadt und das ganze Land überzogen habe wie nach diesem Krieg. Verbitterung kommt von der Unfähigkeit zur Vergebung, und die Unfähigkeit zur Vergebung verhindert genau die Art parteiübergreifender Zusammenarbeit, die notwendig wäre, um die handfesten und drängenden Probleme zu lösen, vor denen unser Land steht. Damit meine ich nicht nur eine einmalige Geste der Vergebung. Wenn zwei Menschen, die zum Beispiel in der Abtreibungsdebatte auf gegnerischen Seiten stehen, das Bedürfnis verspürten, einander um Vergebung zu bitten, dann würden sie diese einander schließlich auch erteilen, so vermute ich. Ähnlich könnten auch zwei politische Gegner feststellen, dass sie einander als Menschen mögen und sich daher ebenfalls gegenseitig verzeihen. Dringend notwendig ist jedoch, dass wir alle Vergebung zu unserer Grundeinstellung machen, und zwar gegenüber ganzen Menschengruppen – nicht unsere Überzeugungen verraten oder einlenken bei dem, was wir für richtig halten, sondern mit einer Haltung fortwährender Vergebungsbereitschaft füreinander leben.

Es reicht nicht, wenn wir darauf hinweisen, wie oft wir anderen bereits vergeben haben, selbst jenen, die uns immer wieder verletzen. Wenn du deinem Ehepartner verzeihst, dass er oder sie keinerlei Gespür für deine Bedürfnisse zeigt, dann ist damit die Notwendigkeit, all den miesen Demokraten oder Republikanern, den Abtreibungs-Befürwortern oder Abtreibungs-Gegnern, den Schwulenfreundlichen oder den Schwulenfeindlichen zu vergeben, nicht aufgehoben. So sehr wir uns auch davor zu drücken versuchen, im Reich Gottes gibt es eben keine einseitige Vergebung.

> Wenn wir einen Menschen hassen, so hassen wir in seinem Bild etwas, was in uns selber sitzt.*
> HERMANN HESSE

Es wird natürlich schwieriger, besonders wenn wir an den Punkt gelangen, an dem wir herausfinden müssen, warum wir uns dagegen wehren, anderen zu vergeben.

Jeder gute Therapeut kennt die Antwort: Wir können an-

---

*   Demian, Suhrkamp TB S. 132

Wie Verzeihen wirklich gelingt

deren jene Charakterfehler am schwersten verzeihen, die wir auch in uns selber spüren. Deine Militanz zeigt meine Militanz; deine Intoleranz offenbart meine Intoleranz; deine Voreingenommenheit reflektiert meine Voreingenommenheit; dein Stolz spiegelt meinen Stolz. Kein schönes Bild, aber ein zutreffendes.

Doch dass wir uns selbst in diesem weniger schönen Bild erkennen – genau das ist notwendig, damit wir Vergebung für unsere Gegner aufbringen können. Wenn wir gegen eine Ungerechtigkeit oder eine Sünde Stellung beziehen oder uns für irgendein Thema aus einem ganzen Wust theologisch oder gesellschaftlich umstrittener Fragen leidenschaftlich engagieren – und versucht sind, gegenüber denen, die anderer Meinung sind, eine unversöhnliche Haltung einzunehmen – dann haben wir es am dringendsten nötig, unsere eigenen Charakterfehler zu kennen. Wenn deine Engstirnigkeit mich zur Weißglut bringt, dann kannst du ziemlich sicher sein, dass ich hin und wieder auch in engen Bahnen denke.

> Vergebung bedeutet zuzugeben, dass wir so sind wie die anderen.
> CHRISTINA BALDWIN

Es ist nie leicht, sich selber ganz genau anzuschauen. Wir möchten so gerne glauben, dass wir nicht nur im Recht, sondern sogar besser sind – besser als andere, besser als wir früher waren, besser darin, jene richtigen Schlüsse zu ziehen, an denen wir so verzweifelt festhalten. Doch anderen zu vergeben, wird sehr viel leichter, wenn wir erkennen, dass die anderen gar nicht anders sind als wir – oder vielleicht besser noch: Wir sind gar nicht anders als die anderen.

Wir können leidenschaftlich für oder gegen eine Sache eintreten, ohne dass es zum Streit kommen muss. Wir können für das kämpfen, woran wir glauben, ohne deshalb andere Menschen zu bekämpfen. Wir können auf die Ausrottung der Ungerechtigkeit hinarbeiten, ohne andere ungerecht zu behandeln. Wir müssen dazu nur einer Sache ins Gesicht sehen – unserem eigenen Bild.

> Wenn wir verstehen und vergeben wollen, dann müssen wir unsere eigenen Erwartungen und Annahmen vergessen und anderen so begegnen, wie sie im jeweiligen Augenblick sind. Indem wir anderen und uns selbst da begegnen, „wo sie/wir sind", folgen wir Gottes Beispiel in der Geschichte von Ismael und finden Hoffnung und Chancen, wo sonst nur Hoffnungslosigkeit und Verzweiflung wären.
>
> RABBI RAMI SHAPIRO

Besinnung

Schaue dich einmal selbst lange und gründlich an. Natürlich nicht im wörtlichen Sinne, es sei denn, du glaubst, das hilft. Gönne dir Zeit zur Selbstreflexion und frage dich dabei zuerst, was dich an deinen Gegnern am meisten wurmt. Nehmen wir einmal an, deine Religionsgemeinschaft ist in einen jahrhundertealten Konflikt verwickelt, an dem viele Gemeinden zerbrochen sind: Es geht um die Farbe des Teppichs. Du und deine Freunde sind für Blau; dein Gegner und seine Kumpane sind für Rot. Du bist dir absolut sicher, dass Blau genau die Farbe ist, die Gott in diesem Teppich haben möchte, und du kannst es kaum fassen, warum die Abtrünnigen so stur sind. *Rot?* Wie können die so hartnäckig darauf bestehen, dass Gott *Rot* lieber hat? Die sind halt kompliziert; mehr ist an der ganzen Sache nicht dran.

Stur. Hartnäckig. Kompliziert. Drei Worte, über die du vielleicht ein wenig nachdenken solltest.

Übung

Die meisten Themen, über die wir uns sehr erregen, sind komplexe Probleme, die sich vereinfachenden Lösungen entziehen. Wir sind immer schnell mit gutem Rat bei der Hand, wie ein Unrecht wiedergutzumachen ist, doch in Wahrheit haben wir in jede Situation nur sehr begrenzten Einblick. Wir benötigen die Hilfe von jemandem, der wesentlich weiter sieht. Und das wäre Gott.

Richte deine Aktivisten-Wut gegen Gott. Was immer es auch ist, weshalb du mit den Zähnen knirschst und dir die Haare raufst, sage Gott alles darüber. Denke nicht einmal daran, irgendetwas wegzulassen. Rede dir alles von der Seele und lade es bei Gott ab. Er hält das aus! Vertraue darauf, dass Gott uns die Weisheit schenkt, unsere ansonsten unlösbaren Probleme zu lösen. Und dann bitte den Geist Gottes, dir die Großherzigkeit zu schenken, allen zu vergeben, deren Überzeugungen und Meinungen den deinen zuwiderlaufen.

> Initiative bedeutet, das Rechte zu tun, ohne dazu aufgefordert zu werden.
>
> VICTOR HUGO

6
Übe dich in Demut

Eine jener leicht daher gesagten Redensarten, die heute in aller Munde sind, lautet: „Es ist leichter, um Vergebung zu bitten als um Erlaubnis." Ich zucke jedes Mal zusammen, wenn ich das höre, und zwar aus mehreren Gründen. Der erste hat überhaupt nichts mit Vergebung zu tun. Sondern mit dem Element der Täuschung, das in diesem Satz anklingt. Egal, was du tun willst, du weißt, du solltest vorher um Erlaubnis fragen, aber stattdessen machst du es hinterrücks und ungefragt.

Schlimmer noch ist allerdings die Unterstellung, es sei leicht, um Verzeihung zu bitten. Leicht? Das finde ich nicht. Wer so denkt, zeigt ein sehr oberflächliches Verständnis des demütigenden, aber letzten Endes kraftvollen Aktes, um Vergebung zu bitten. Ich kann deshalb nur annehmen, dass die Tat, für die man hätte um Erlaubnis fragen sollen, kaum mehr war als eine Lappalie, wofür man dann eben nach dem Motto „ach, was soll's" treudoof um Verzeihung bittet. Mit einer so lässigen Einstellung zur Vergebung entwertet man eine unschätzbar wertvolle Idee.

Das Wesen einer authentischen Bitte um Vergebung bei Gott und bei anderen wird im jüdischen und im christlichen Glauben genau gleich verstanden: Es erfordert eine gehörige Portion Demut. Wenn Vergebung gesucht oder gewährt werden soll, so lassen die Heiligen Schriften dieser beiden großen Glaubensrichtungen an keiner Stelle eine leichtfertige Einstellung erkennen. Im Judentum ist der Selbsterforschung, dem Bitten um und dem Gewähren von Vergebung sogar ein ganzer Tag gewidmet. An Jom Kippur, dem Versöhnungsfest, das von Sonnenuntergang bis Sonnenuntergang dauert, sind die

Wie Verzeihen wirklich gelingt

Juden aufgerufen, auf Essen und Trinken zu verzichten und Gottesdienste in der Synagoge zu besuchen, wo sie in der Gemeinschaft ihre Sünden bekennen.

An mindestens einer Stelle der Bibel macht das Bedürfnis nach unverdienter Vergebung diejenigen, die Unrecht getan haben, sprachlos. Die Geschichte über Josef steht in den Kapiteln siebenunddreißig bis fünfundvierzig des ersten Buches Mose, und falls du sie schon lange nicht mehr gelesen hast – oder dich nur noch an Josefs „bunten Rock" aus dem Religionsunterricht in der Grundschule erinnern kannst – dann wäre jetzt eine gute Gelegenheit, sie noch einmal nachzulesen. Sie hat alles, was ein guter Roman braucht, einschließlich der obligatorischen Verführungsszene.

Aber zurück zur Vergebung. Die Situation ist folgende: Josef, einer von Jakobs zwölf Söhnen, war von seinen Brüdern im Lande Kanaan hintergangen und nach Ägypten in die Sklaverei verkauft worden. Schließlich wurde er zur rechten Hand, zum vertrautesten Helfer des Pharaos und war als solcher für die Verteilung der ägyptischen Nahrungsmittelüberschüsse an die Kanaaniter zuständig, die unter einer langen Hungersnot zu leiden hatten.

Unter den Kanaanitern, die zum ihm kommen und um Vorräte bitten, sind

> Gott widersteht den Hochmütigen, aber den Demütigen gibt er Gnade.
>
> 1. PETRUS 5, 5

auch etliche seiner Brüder. Sie erkennen Josef nicht, aber er erkennt sie. An dieser Stelle geschieht noch sehr viel mehr, aber das überspringen wir jetzt und kommen gleich zu einem späteren Besuch der Brüder, bei dem Josef ihnen seine Identität offenbart.

Angesichts der bevorstehenden Wiedervereinigung mit seinen Brüdern und der Aussicht, seinen Vater wiederzusehen, ist Josef von Vorfreude überwältigt. Die Brüder sind ebenfalls überwältigt, jedoch von einem ganz anderen Gefühl – Scham.

Ach, und Angst ist auch dabei. Als Josef offenbart, wer er ist, und fragt, ob sein Vater Jakob noch lebt, bringen sie kein einziges Wörtchen heraus. Sie stehen schlicht und ergreifend unter Schock. Josef versichert ihnen sofort, dass er ihnen nichts Böses will; und noch bevor sie überhaupt Gelegenheit haben, ihn um Vergebung zu bitten, gewährt er sie ihnen schon. Er lenkt die Aufmerksamkeit nicht auf ihren Verrat, sondern auf Gottes Güte. Ihr habt vielleicht gedacht, ihr würdet mich bestrafen, sagt er ihnen, aber seht nur, was geschehen ist – Gott hat mich an eine Stelle gesetzt, an der ich euch das Leben retten kann!

Ich weiß nicht, wie es dir ergeht, aber ich würde sagen, das ist eine ausgesprochen gesunde Reaktion auf einen Verrat.

Ich mag Josefs Geschichte sehr. Mir gefällt besonders, wie sie Gottes Werk hinter den Kulissen hervorholt und ins Rampenlicht stellt. Mir gefällt, dass er seinen Brüdern so vollständig vergibt und sie mit dem Reichtum seines Landes überschüttet. Und ich mag es, wie er sie aus purer Freude umarmt. Freude! Ja, das ist weiteres Nebenprodukt einer vergebungsbereiten Grundeinstellung.

> Jesus sprach: „Wer nun sich selbst erniedrigt und wird wie dies Kind, der ist der Größte im Himmelreich."
>
> Matthäus 18, 4

Doch zurück zur Demut und ihrem negativen Gegenspieler – dem Stolz. Demut ist ein absolut entscheidendes Ingredienz, sowohl wenn man um Vergebung bittet als auch wenn man sie gewährt. Demut erweicht unser Herz und bereitet uns darauf vor, etwas für uns zu erbitten, was wir nicht verdient haben, oder einem anderen zu schenken, was er nicht verdient hat. Stolz verhärtet unser Herz und beharrt darauf, dass wir der Vergebung weder bedürfen noch sie gewähren müssen.

Betrachte noch einmal Josefs Geschichte. Wenn überhaupt jemand Grund gehabt hätte, stolz und arrogant zu sein, dann er. Abgelehnt, verlassen, versklavt, unter falschen Beschuldigungen angeklagt, zu Unrecht ins Gefängnis geworfen und jahrelang vergessen, stieg er später zur zweithöchsten Stellung im ägyptischen Staat auf. Ausgestattet mit nahezu unbegrenzter Macht und Autorität, hätte er sich stur stellen und seine Brüder dem Hungertod überlassen können, indem er ihnen das rettende Korn verweigerte. Falls ein langsamer Tod nicht nach seinem Geschmack gewesen wäre, hätte er sie stattdessen auch einfach exekutieren lassen können.

Doch trotz der ungeheuren Machtfülle, die er besaß, erniedrigte er sich vor seinen Brüdern. Er wusste, dass seine irdische Macht nichts war im Angesicht der geistigen Macht von Vergebung und Versöhnung.

> Demut ist eine Tugend, die nicht in wenigen Monaten zu erlangen ist. Sie ist das Werk eines ganzen Lebens.
>
> FRANÇOIS FÉNELON

Besinnung

Stolz kann einer unserer heimtückischsten Charakterfehler sein, und zwar aufgrund seiner unheimlichen Fähigkeit, uns für seine bloße Existenz blind zu machen. Wir sind uns meist viel eher unserer Unehrlichkeit, unserer Neigung zum Manipulieren oder unserer Untreue bewusst als unseres Stolzes. Wir bedürfen der Hilfe, um jene stolzen Aspekte, die uns nur allzu oft verborgen bleiben, für andere aber offensichtlich sind, mit Stumpf und Stiel auszureißen. Wir können uns entweder ein Leben lang vormachen, dass Stolz nicht unser Problem ist, oder aber wir können Gott bitten, uns unseren Stolz offen zu zeigen, damit wir endlich mit ihm aufräumen können. Glaube mir, die erste Möglichkeit sieht verlockend aus, aber früher oder später wird dir ein anderer Sterblicher die Flügel stutzen, indem er dir sagt, was für ein arrogantes Sonstnochwas du bist – und das ist nie lustig.

Es ist viel besser, wenn du dich vor Gott erniedrigst und den Heiligen Geist bittest, die dunklen Ecken deines Wesens, in denen du dem lauernden Stolz viel zu lange Unterschlupf gewährt hast, auszuleuchten. Wenn du heute diese Bitte vor Gott bringst, dann hast du mittelgute Chancen, dass es dir in den kommenden paar Tagen ziemlich schlecht geht. Denn ganz gleich, wie sanft der Heilige Geist bei der Offenlegung deines Stolzes vorgeht, es kommt immer ein schrecklich hässliches Bild dabei heraus. Doch danach kommt der Lohn: Ein wacheres Bewusstsein für jene Bereiche deines Lebens, an denen du arbeiten musst, sowie unglaublich viel Hilfe von Gott, damit diese Arbeit effektiv wird. Was bedeuten schon ein paar Tage, an denen es dir hundeelend geht, im Vergleich zu einer weniger arroganten Zukunft? Ich würde sagen, die Rendite übersteigt die Investition um ein Vielfaches.

Übung

Suche dir in dieser Woche einen Tag aus, an dem du die Demut in den Mittelpunkt deiner Aufmerksamkeit rückst. Nimm dir vor, dich an diesem Tag bei jedem stolzen Gedanken (und der Versuchung dazu) zu erwischen und ihn in eine demütige Handlung zu verwandeln. Sagen wir einmal, eine Kollegin kritisiert deine Arbeit, und schon schwillt dir mächtig der Kamm. Dann rege dich wieder ab, und bitte Gott, dir – ganz schnell – zu zeigen, was du aus einer demütigen Haltung heraus darauf erwidern kannst. Womöglich dankst du dann sogar deiner Kollegin dafür, dass sie dich auf einen Fehler hingewiesen hat, den du beheben musst. Oder auch nicht. Auf jeden Fall kannst du dadurch wahrscheinlich deiner Kollegin den Wind aus den Segeln nehmen. Denn wahrscheinlich platzt sie bereits selbst schier vor Stolz und ist schon auf einen Streit mit dir gefasst, den du ihr soeben verweigert hast. Zehn fette Punkte für dich! Nicht dass wir hier auf Punktejagd wären …

> Was Demut so erstrebenswert macht, ist das Wunder, das sie an uns vollbringt: Sie erschafft in uns die Fähigkeit zu größtmöglicher Gottesnähe.
>
> Monica Baldwin

Halte stets Ausschau nach Anzeichen von Demut in deinem Umgang mit anderen und auch im Umgang anderer untereinander, soweit du diesen beobachten kannst – am Arbeitsplatz, beim Einkaufen oder beim Autofahren. Manchmal entdecken wir Demut, wo wir sie nie erwartet hätten.

Einmal hörte ich, wie ein Arzt einer Patientin sagte, er habe nicht die geringste Ahnung, warum es ihr immer besser ginge, und die Besserung ihres Zustandes müsse wohl das Werk einer Macht sein, die viel größer sei als Medizin oder Pharmaindustrie. *Das* ist Demut!

Schreibe dann am Abend jedes Anzeichen von Demut, das du beobachtet oder selbst erlebt hast, in ein Tagebuch. Lies anschließend noch einmal durch, was du geschrieben hast, und schaue, was du daraus über Selbsterniedrigung lernen kannst. Stelle dir zum Beispiel folgende Fragen: Wirkten die Menschen, die wahre Demut zeigten, schwach, oder hatte es den Anschein, als würden sie durch ihr Verhalten irgendwie erniedrigt? Haben diese Akte der Demut andere in irgendeiner Weise berührt? Sei ehrlich: Manchmal hat es keinerlei erkennbare Wirkung auf andere, wenn wir uns vor ihnen demütigen. Wenn wir Vorfälle, bei denen Demut gezeigt wird, näher untersuchen, dann sind wir dadurch besser auf die Folgen unseres eigenen demütigen Verhaltens vorbereitet: denn nicht immer wird es sofort belohnt. Wir müssen uns stets vor Augen halten, dass wir weiterhin Demut üben sollten, ganz unabhängig von der Reaktion anderer.

> Wahre Vergebung ist einzig die, die angeboten und gewährt wird, bevor der Täter sich entschuldigt und um Vergebung ersucht hat.
>
> Søren Kierkegaard

7

Die Gnade, vergeben zu können

Was ich in meiner Kindheit und Jugend über Gnade und den Dank dafür gelernt habe, erfuhr ich am Esstisch. Das heißt, am Esstisch einer anderen, nicht dem unserer Familie. Ich glaube, wir haben bestenfalls an Thanksgiving ein Dankgebet gesprochen, oder dann, wenn zufällig einmal etwas aus der Sonntagsschule auf unseren Küchentisch gelangte. Aber ansonsten war das Wort *Grace* (das im Englischen für Gnade und zugleich den Dank dafür steht) bei uns bestenfalls der Name der Fürstin von Monaco, einer Lieblingsschauspielerin meiner Mutter – Grace Kelly, für alle, die zu jung sind, um sich an sie zu erinnern.

Sogar nachdem mein Glaube und ich bereits ein wenig erwachsener geworden waren, muss ich zugeben, dass mein Verständnis von Gnade eher wenig Tiefgang hatte. Ich begriff, dass sie ein Geschenk Gottes war, durch das wir die Fähigkeit oder Möglichkeit erhielten, so zu leben, wie Gott es wollte. Sie war noch mehr, aber ich bekam nie so recht zu fassen, was dieses "Mehr" eigentlich ausmachte. Eine angemessene verbale Definition habe ich immer noch nicht zu bieten, aber heute habe ich einen gewissen Vorrat an Beispielen dafür, wie Gnade in meinem Leben gewirkt hat.

Das jüngste rankt sich um einen zweimonatigen Aufenthalt zur Pflege einer krebskranken langjährigen Freundin. In meinen Augen bin ich einfach eines Morgens aufgestanden, habe mich von meiner Familie in Florida verabschiedet, bin nach Colorado geflogen und habe während der nächsten acht Wochen getan, was ich tun sollte. Es war eigentlich gar nicht viel – Alice zu ärztlichen Behandlungen fahren, Besorgungen ma-

Wie Verzeihen wirklich gelingt

chen, darauf achten, dass sie richtig isst, genug trinkt und ihre Medikamente einnimmt sowie ein paar weitere derartige Aufgaben.

Gemessen daran, wie manche Leute reagierten, als sie herausbekamen, was ich machte, könnte man allerdings meinen, ich hätte Leib, Leben und mein erstgeborenes Kind geopfert. Doch egal was sie sagten, für mich war das überhaupt keine große Sache. Selbst rückblickend kann ich wirklich nicht behaupten, dass es sonderlich schwer war. Das Wort, das mir am häufigsten einfällt, wenn ich an diese Erfahrung denke, ist „nahtlos". Ich ging nahtlos fort aus meinem Zuhause und von meiner Familie, wurde nahtlos in Alices Zuhause und Familie integriert und kehrte wieder zu mir nach Hause und in meine Familie zurück, als gehöre das alles bei jedem Menschen ganz normal zum Leben dazu.

So sehr ich es auch versuche, ich kann beim besten Willen nicht mehr daraus machen. Und hier kommt das Wort Gnade ins Spiel. Gott schenkte zwei Familien die Gnade, einen zweimonatigen Abstecher, der Außenstehenden als Umweg über raues, unwegsames Gelände erscheinen musste, so hinzunehmen, dass er sich als reibungslose Fahrt erwies, von der alle Beteiligten in vielerlei Hinsicht profitierten.

Während die Idee der Gnade sich in meinem Leben auf der praktischen Ebene auswirkte, wurde mir im wahrsten Sinne des Wortes auf einer höheren Ebene eine tiefere Erkenntnis über Gnade gewährt – nämlich auf dem Gipfel des Pikes Peak in Colorado Springs, 4301 Meter über dem Meeresspiegel.

Dort schrieb Katherine Lee Bates die erste Fassung des Gedichts, das schließlich zum Text von „America the Beautiful" werden sollte, quasi unsere inoffizielle Nationalhymne. Ich

> Immer wenn du an [ein schmerzliches früheres Erlebnis] denkst, darüber nachgrübelst, dich deswegen grämst oder ärgerst, verschwendest du Energie. Du schaufelst Gnaden-Einheiten in ein schwarzes Loch, gerade so, als würdest du Geld aus dem Fenster werfen. Wenn du jedes Problem für sich betrachtest, dann wirst du feststellen, dass alle eine bemerkenswerte Ähnlichkeit aufweisen – jedes kann durch Vergebung gelöst werden.
>
> CAROLYN MYSS

könnte mich jetzt des Langen und Breiten über die atemberaubende Aussicht auslassen, die Bates zu ihren Versen inspiriert hat, aber ich lasse es bleiben. Doch Folgendes möchte ich sagen: Ich kann dieses Lied nie mehr hören, ohne dass mir bei der Zeile „God shed his grace on thee" (Gott ergieße seine Gnade über dich) die Tränen in die Augen steigen. Denn als ich dort auf dem Gipfel stand, den Blick über die Stadt schweifen ließ und an Alice zweieinhalbtausend Meter unter mir sowie meine Familie dreitausend Kilometer östlich von mir dachte, da begriff ich zum ersten Mal, dass Gott tatsächlich seine Gnade über uns „ergießt".

Was für ein wundervolles Bild dieses Wort erzeugt! Gott gießt seine Gnade über uns aus, lässt sie auf uns herniederströmen, wenn wir ihrer am dringendsten bedürfen, verwandelt das Unnatürliche zur natürlichsten Sache der Welt und schenkt uns Kräfte, die wir sonst wohl niemals hätten. Es ist so, als ob Gott sagte: „Ich habe mehr als genug Gnade. Komm her, lass mich etwas davon über dir ausschütten, Du siehst so aus, als könntest du's gebrauchen."

Manchmal tut Gott das wirklich. Der Geist überschüttet uns mit Gnade, bevor wir überhaupt merken, dass wir sie benötigen oder auf die Idee kommen, darum zu bitten. Ein anderes Mal wieder müssen wir anscheinend tatsächlich darum bitten. Da ich nicht Gott bin, weiß ich nicht genau, warum das so ist, aber ich vermute, es hat etwas damit zu tun, dass wir uns in Demut üben sollen. Meistens jedenfalls.

Was uns wieder zur Vergebung führt. Wenn du je gesagt hast „Das könnte ich ihm nie verzeihen!", dann hast du damit wahrscheinlich recht. Aus eigener Kraft könntest du demjenigen, der dir Unrecht getan hat, wahrscheinlich nie verzeihen. Aber Gottes Gnade kann und wird dir die Kraft geben, auch noch dem abscheulichsten Menschen, den du kennst, zu vergeben. Wie sonst sollte man Meldungen erklären – oder begreifen – können, wonach ein Unfallopfer dem fahrerflüchtigen Täter vergibt, der ihn sterbend liegen ließ, Eltern dem

Wie Verzeihen wirklich gelingt

Mörder ihrer Tochter verzeihen oder eine zerbrechliche alte Dame dem Ungeheuer vergibt, das sie mehrfach vergewaltigt hat? Auf menschlicher Ebene ist das weder zu erklären noch zu verstehen. Die einzige Erklärung ist Gottes Gnade. Gott ergoss seine Gnade über sie, ganz gleich ob sie darum gebeten hatten oder nicht, ob sie es begriffen hatten oder nicht, ja sogar ganz gleich, ob sie an Gott glaubten oder nicht.

Ich vermute, ein oder zwei Leben reichen kaum aus, um eine gute Vorstellung davon zu entwickeln, was Gnade bedeutet; denn diese Idee liegt der menschlichen Natur so fern, dass wir sie mit unserem Verstand kaum fassen können. Das bedeutet allerdings nicht, dass wir nicht versuchen sollten, sie zu begreifen oder darum zu bitten.

> Gnade macht nicht alles wieder gut … Gnade ist vielmehr die erstaunliche Kraft, der irdischen Realität geradewegs ins Gesicht zu sehen, ihre traurigen und tragischen Ecken und Kanten zu erkennen, ihre grausamen Schnitte zu spüren, in die seit Urzeiten währende Klage gegen ihre himmelschreiende Ungerechtigkeit einzustimmen, und doch in deinem tiefsten Wesen zu spüren, dass es gut und richtig ist, dass du auf Gottes Erde lebst.
>
> Lewis B. Smedes

Besinnung

Sei dankbar für das Geschenk der Gnade. Nicht nur für die Gnade, die der Geist dir gewährt hat, sondern auch für deine Fähigkeit, anderen Gnade zu erweisen. Rufe Dir einen Vorfall oder eine Zeit ins Gedächtnis, als das Geschenk der Gnade in deinem Leben spürbar wirksam wurde. Danke im Gebet für jede Einzelheit, an die du dich erinnern kannst. Zu einer Gebetsmeditation über meine Zeit bei Alice könnte zum Beispiel die Gnade gehören, die Gott Alices Tochter schenkte, dass sie eine nahezu Fremde, die so plötzlich und so lange in ihr Leben drängte, freundlich aufnahm, und auch die Gnade, die meine eigene Familie benötigte, um mit meiner langen Abwesenheit zurechtzukommen. Die Beispiele dafür aufzuzählen, wann und wie Gnade in deinem Leben gewirkt hat, ist keine leere Geste, sondern vielmehr ein bedeutungsvolles Unterfangen, das zu der Offenbarung führt, mit welcher Fülle an Gnade Gott dich überschüttet hat.

> Sogar in dunklen Stunden strahlt ein Licht für alle, die redlich und rechtschaffen sind; denn er ist gütig, barmherzig und gerecht.
>
> PSALM 112, 4 (GUTE NACHRICHT BIBEL)

> Alle großen Religionen haben im Grunde dieselbe Botschaft, dass nämlich Liebe, Mitgefühl und Vergebung … das Wichtigste sind: Sie sollten zu unserem Alltag dazugehören.
>
> DER DALLAI LAMA

Übung

Theologen definieren Gnade oft als Gottes unverdiente Gunst. Zeige dieses Verständnis der Idee der Gnade diese Woche auf irgendeine Weise in deinem Alltag. Erweise jemandem, der nichts dafür getan hat, einen unverdienten Gefallen. Entschuldige einen ungeheuren Fehler, den ein Angestellter begangen hat und der ihm schrecklich peinlich ist. Hebe die erwartete Strafe für ein ungehorsames, aber schuldbewusstes Kind auf. Sei ungeahnt mitfühlend und freundlich, wenn dein Partner oder deine Partnerin etwas gründlich vermasselt hat. Solche kleinen Gnadenerweise sind eine gute Vorbereitung, damit es dir leichter fällt, gütig zu reagieren, wenn einmal unverdiente Vergebung notwendig ist.

Wie Verzeihen wirklich gelingt

8

Mitgefühl üben

Allzu oft sind die Berichte, die wir täglich in den Nachrichten hören oder in der Zeitung lesen, so abstoßend, dass wir kaum glauben können, dass sie tatsächlich wahr sind. In großen Abständen geht es dabei um ein dermaßen entsetzliches Verbrechen, dass wir kaum glauben können, dass der Täter tatsächlich ein Mensch ist.

So war es auch im Oktober 2001, als eine junge Frau namens Chante Mallard sich nach einer Nacht, in der sie reichlich Alkohol und Drogen konsumiert hatte, hinters Steuer setzte. Ihr Wagen rammte einen Mann, der an der Straße entlang ging, und Mallard entfernte sich vom Unfallort.

Aber dies war keine gewöhnliche Fahrerflucht. Mallard fuhr weiter – mitsamt dem Mann, der in ihrer zerschmetterten Windschutzscheibe steckte. Gregory Biggs lebte gerade noch so lange, dass er sie bitten konnte, Hilfe zu rufen, nachdem sie ihren Wagen in ihrer Garage abgestellt hatte. Stattdessen aber ging die junge Frau ins Haus und „kümmerte sich" um ihren Freund; einige Zeit später entsorgte sie Biggs Leiche zusammen mit ein paar Freunden in einem Park. Mallard, die später als „Windschutzscheiben-Mörderin" bekannt wurde, wurde für ihr Verbrechen zu fünfzig Jahren Haft verurteilt.

Doch sogar noch vor ihrer Verurteilung hatte Biggs' Sohn Brandon, damals noch Schüler an einer High School, ihr seine Vergebung ausgesprochen – nachdem er seinen Verlust und den Hass, den er gegen sie empfand, verarbeitet hatte. In mehreren Interviews in verschiedenen Medien sprach er ihr und ihrer Familie ausdrücklich sein Mitgefühl aus.

Mitgefühl – die hebräischen und christlichen heiligen

> In diesem moralischen Universum ist nichts unnütz. Die Seufzer und das Stöhnen der Verfolgten und Gefolterten, der Mut und die Treue, über die keiner spricht, die Großzügigkeit und das Mitgefühl, die unbesungen erwiesen werden, das oft verborgene Heldentum – sie entschwinden nicht einfach in den Äther. Nein, sie durchtränken die Atmosphäre.
>
> DESMOND TUTU

Schriften sind übervoll von diesem Wort, doch irgendwie haben wir Juden und Christen uns zum allergrößten Teil nicht eben einen guten Ruf als mitfühlende Wesen erworben. Natürlich haben auch wir mitfühlende Momente, und glücklicherweise gibt es andere gute Eigenschaften, die man gemeinhin mit uns in Verbindung bringt. Doch die Ehre, eng mit Mitgefühl verbunden zu werden, geht stattdessen an die Buddhisten, die diesen Begriff zu ihrer Grundeinstellung gemacht haben. „Mitgefühl ist Weisheit, die anderen unmittelbar zugutekommt", schreibt der ehemalige buddhistische Mönch Christopher Titmuss. Für manche Buddhisten wird diese Vorstellung durch das Bild eines großen, durch die Lüfte segelnden Vogels symbolisiert, dessen einer Flügel für Mitgefühl und dessen anderer für Weisheit steht.[*]

Mitgefühl in seiner reinsten Form kommt anderen zugute, denn dabei teilt man das Leid eines anderen Menschen, das Leid dessen, der dir Unrecht getan hat, das Leid aller Menschen. Die Wendung „ich fühle mit dir/Ihnen" mag heute bereits zur Floskel verkommen sein, doch wörtlich genommen beschreibt sie genau, was Mitgefühl ist. Wir spüren den Schmerz eines anderen Menschen so deutlich, dass wir veranlasst sind, unser Möglichstes zu tun, um ihn zu lindern.

Das erfuhr Marietta Jaeger nach der Entführung und Ermordung ihrer kleinen Tochter. Sehr zu ihrer eigenen Überraschung empfand sie auf einmal Mitgefühl für den Mörder und seine Familie, nachdem sie Gott eingestanden hatte, dass sie nun bereit sei, dem Mann zu vergeben. Sie bot sogar an, ihm zu helfen, indem sie vor Gericht darum bat, die Todesstrafe möge ihm erspart bleiben, und indem sie sich um seine Mutter kümmerte, als er im Gefängnis Selbstmord beging.

[*] Christopher Titmuss, *Erleuchtung ist anders als du denkst*, Waldhaus-Verlag 2007.

Solches Mitgefühl kann man nicht vortäuschen. Nach dem Verlust ihrer Tochter waren Jaeger und ihre Familie am Boden zerstört. Über ein Jahr lang hatten sie nicht gewusst, was mit ihr geschehen war. Die Qualen, die sie erleiden mussten, standen einer Folter in nichts nach, und zunächst wünschte Jaeger sich nichts sehnlicher als blutige Rache.

Aber kaum hatte Jaeger gebeichtet, dass sie die Entführer am liebsten umbringen wollte – damals hegte sie noch die Hoffnung, das kleine Mädchen könne noch am Leben sein – erkannte sie tief im Inneren, dass sie ihm würde vergeben müssen. Schließlich verstand sie sogar, dass sie durch ihr Mitgefühl für den Entführer ihre Tochter ehrte – und dass es ihre Tochter entehrte, wenn sie ihm in ihrem Namen den Tod wünschte.

Für Brandon Biggs und Marietta Jaeger hatte Mitgefühl einen hohen Preis. Bei ihnen ging es nicht um den oberflächlichen Versuch, ein Gutmensch oder frommer Christ zu sein. Bei diesen beiden grub sich das Mitgefühl so tief in ihr innerstes Wesen ein, dass es unmöglich gewesen wäre, es wieder auszulöschen, es zu banalisieren oder zu verleugnen.

Biggs' Geschichte war übrigens mit Mallards Verurteilung noch nicht zu Ende. Nachdem er in „Compassion", einem Newsletter von zum Tode verurteilten Strafgefangenen, darüber geschrieben hatte, erhielt Biggs, inzwischen Theologie-Student, ein Stipendium über zehntausend Dollar – Cent für Cent aufgebracht von eben jenen Todeskandidaten. Sein Ziel war lediglich gewesen, Gottes Liebe, Gnade und Vergebung einer Frau zukommen zu lassen, die ihrer dringend bedurfte, doch er erreichte damit Tausende von Gefangenen. Und sie wiederum erreichten ihn aus Dankbarkeit für seine Güte und seinen Mut auf eine sehr konkrete Weise.

> Für mich sind Vergebung und Mitgefühl stets miteinander verbunden: Wie können wir Menschen für ihr Fehlverhalten zur Rechenschaft ziehen und dabei doch so eng mit ihrer Menschlichkeit verbunden bleiben, dass wir an ihre Fähigkeit glauben, sich zu ändern?
>
> BELL HOOKS

Joseph Campbell, der Autor des wunderbaren Buches *Der Heros in tausend Gestalten* und vieler weiterer Werke, schreibt, Mitgefühl lasse dich so tief in das Leiden eines anderen eintauchen, dass du „dich selbst vergisst … und tust, was notwendig ist".* Wir müssen uns selbst vergessen – ich wiederhole: Wir müssen uns selbst *vergessen* – und tun, was notwendig ist, um das Leben gebrochener Menschen wieder aufzurichten. Das kann, muss aber nicht, bedeuten, ihnen auch ganz konkret zu dienen, wie Jaeger dies getan hat, auf jeden Fall aber bedeutet es, ihnen zu vergeben. Eines ist gewiss: Ein mitfühlender Mensch ist ein vergebender Mensch; er kann einfach nicht anders.

Besinnung

> Durch Vergebung stärken wir die Gegenwärtigkeit des Mitgefühls in der Welt.
> RABBI DAVID WOLPE

> Mitgefühl ist das Empfinden gemeinsamen Leids. Sobald du begreifst, dass du in deinem Leid nicht alleine bist, ist dies die Geburtsstunde der Liebe. Wo Liebe ist, besteht die Chance zum Frieden.
> DEEPAK CHOPRA

Betrachte einmal dein Leben im Hinblick darauf, wie oder in welchem Umfang du anderen dienst. Was motiviert dich zu diesem Dienst? Bringt dich Mitgefühl dazu, den Gebrochenen, den Leidenden, den Bedürftigen zu helfen? Wenn nicht, warum nicht? Richte dich nicht; denke einfach nur mit einer gewissen distanzierten Neugier über diese Frage nach. (Ich habe mich das auch einmal selbst gefragt und kam dabei zu dem Schluss, dass ich nicht bereit war, mich selber zu vergessen, was zweifellos auch der Grund dafür ist, warum ich den Satz vorhin noch einmal wiederholt habe.) Vielleicht dienst du anderen ja sehr intensiv, aber dein Einsatz für sie wird durch etwas anderes motiviert und nicht durch Mitgefühl. Hier können beliebig viele Faktoren ins Spiel kommen: Schuldgefühle, das Bedürfnis nach Anerkennung oder Pflichtgefühl. Ungeachtet

---

* Diane K. Obson, *A Joseph Campbell Companion: Reflections on the Art of Living,* HarperCollins 1991, S. 53.

Wie Verzeihen wirklich gelingt

der Schlüsse, die du aus dieser Zeit der Besinnung ziehst, ende mit einem Gebet und der Bitte an Gott, er möge dir mehr Mitgefühl für andere schenken – und ganz besonders für alle, von denen du weißt, dass du ihnen vergeben musst.

Übung

Das Gleichnis vom barmherzigen Samariter ist eine überzeugende, anschauliche Darstellung von Mitgefühl. Vielleicht hast du es ja seit dem Religionsunterricht in der Grundschule nicht mehr oder, falls du einer anderen Religionsgemeinschaft angehörst, sogar noch nie gelesen. Es steht in Lukas 10, 30-37 – und die Lektüre lohnt sich. (Es hilft dem Verständnis, wenn man weiß, dass die Samariter ein Mischvolk waren, das zur Zeit Jesu allgemein verachtet wurde.)

> So zieht nun an … herzliches Erbarmen, Freundlichkeit, Demut, Sanftmut, Geduld; und ertrage einer den andern und vergebt euch untereinander, wenn jemand Klage hat gegen den andern; wie der Herr euch vergeben hat, so vergebt auch ihr!
>
> Kolosser 3, 12-14

9

Vergebung ernten

Zur Hochzeit der Fernsehprediger, bevor ein Skandal nach dem anderen so manchen prominenten TV-Evangelisten in Verruf brachte, fielen doch tatsächlich viele arglose Zuschauer auf eine riesengroße, unverschämte Lüge herein: Spendete man dieser oder jener religiösen Organisation Geld oder andere Mittel, so wäre Gott *verpflichtet*, einen dafür zu belohnen – noch dazu in gleicher Weise. Spende Reverend Billy Bobs Sender eine Million Dollar, und Gott *muss* dir dafür eine Million Dollar oder mehr zurückgeben. In manchen Predigten war sogar von einem Vielfachen die Rede – vom Drei- Sieben- oder Zehnfachen, je nachdem, wer die göttlichen Berechnungen anstellte.

Arglose Zuschauer fallen übrigens immer noch auf diese Lüge herein, denn sie wird nach wie vor überall in den Vereinigten Staaten und darüber hinaus verbreitet. Das Traurige daran ist nicht nur, dass viele Menschen Haus, Heim und Glauben und damit alles verloren haben, was ihnen lieb und wert gewesen ist, sondern dass diese niederträchtigen Fernsehprediger schamlos weiterhin Tausende ihrer Anhänger um ihr Geld und ihr Vertrauen zur Menschheit prellen, und das alles im Namen Gottes. Doch will ich davon gar nicht erst anfangen, sonst verfalle ich womöglich noch in einen dermaßen scharfen Ton, dass ich dich und Gott um Verzeihung bitten muss. Das Betrüblichste an der ganzen Sache ist vor allem, dass die verzerrte Lehre dieser Fernsehprediger tatsächlich auf einem ganz vernünftigen Prinzip beruht, das uns in der Bibel ebenso begegnet wie im Alltag. Manche kennen es als das Prinzip vom Säen und Ernten, andere bezeichnen es als das Gesetz von Ursache und Wirkung.

Wie Verzeihen wirklich gelingt

Die *Gute Nachricht Bibel*, eine durchgehend interkonfessionelle Neu-Übersetzung der Bibel in heutigem Deutsch, fasst dieses Prinzip in sehr direkte Worte:

> Macht euch nichts vor! Gott lässt keinen Spott mit sich treiben. Jeder Mensch wird ernten, was er gesät hat. Wer auf den Boden der menschlichen Selbstsucht sät, wird von ihr den Tod ernten. Wer auf den Boden von Gottes Geist sät, wird von ihm unvergängliches Leben ernten. (Galater 6, 7-8)

> Säe überall den guten Samen aus, der dir gegeben wurde. Säe in guten Boden, säe auf Sand, säe zwischen die Felsen, säe auf den Weg, säe zwischen das Unkraut. Vielleicht werden ja einige dieser Samen aufgehen und Früchte tragen, wenn auch nicht sofort.
>
> SERAPHIM VON SAROW, AN DER WENDE VOM 18. ZUM 19. JAHRHUNDERT LEBENDER RUSSISCHER HEILIGER

Wie jedes Prinzip, kann auch dieses fehlgedeutet, verändert und sogar manipuliert werden. Aber das macht seine Wahrheit nicht weniger gültig. Und die lautet für uns: Wenn wir Vergebung säen, werden wir Vergebung ernten. Die Heilige Schrift ist in diesem Punkt eindeutig.

Einmal sagte Jesus seinen Jüngern, das, worum sie im Gebet bäten, werde ihnen gegeben, wenn sie wahrhaft glaubten. Doch dann fügt er hinzu: „Und wenn ihr beten wollt und ihr habt einem anderen etwas vorzuwerfen, dann vergebt ihm, damit auch euer Vater im Himmel euch eure Verfehlungen vergibt." (Markus 11, 25-26; Einheitsübersetzung).

„Wenn ihr … beten wollt", für mich heißt das so viel wie „immer, wenn ihr beten wollt". Es ist also ganz gleich, worum wir sonst noch beten. Wir könnten um Heilung für eine Freundin bitten, wir könnten Gott für seine überwältigende Güte loben oder ihn beschimpfen, weil er uns komplett ignoriert – nicht dass ich etwa jemanden kennen würde, der je so etwas täte.

Wie dem auch sei, in der Bergpredigt fasst Jesus dieses Prinzip sogar in noch deutlichere Worte: „Denn wenn ihr den Menschen ihre Verfehlungen vergebt, so wird euch euer himmlischer Vater auch vergeben. Wenn ihr aber den Menschen nicht vergebt, so wird euch euer Vater eure Verfehlungen auch nicht vergeben." (Matthäus 6, 14-15; Einheitsübersetzung) Die Theologen rätseln über den letzten Vers: Sollte Gottes Vergebung nicht allein auf Reue basieren? Wenn wir völlig vergessen, jemandem zu vergeben, dem wir eigentlich hätten vergeben sollen, macht das Gottes Vergebung unwirksam? Und was ist von einer dermaßen launischen Einstellung überhaupt zu halten?

> Vergebung ist die höchste und schönste Form der Liebe. Dir wird dafür unsäglicher Frieden und Glück geschenkt.
> ROBERT MULLER

Von theologischen Zwickmühlen einmal abgesehen, wird das Prinzip allerdings gewahrt. Säe Vergebung, und du wirst Vergebung ernten; säe Unversöhnlichkeit, und du wirst Unversöhnlichkeit ernten.

Aber wie funktioniert das in unserem Alltag? Ein Beispiel habe ich sofort parat; es fußt auf der Idee des „gleich zu gleich gesellt sich gern". Ein Mensch mit einer unversöhnlichen Einstellung zieht wie ein Magnet andere Menschen mit unversöhnlicher Einstellung an; gegenseitig schüren sie ihre Verbitterung, ihre Wut und ihren Groll, wie es sonst nichts und niemand kann. Zunächst findest du bei ihnen vielleicht Trost, weil sie dich in deiner berechtigten Wut bestärken, aber der Himmel sei dir gnädig, falls du je etwas tust, was sie verärgert. Denn du weißt ja: Sie haben eine unversöhnliche Einstellung.

In gleicher Weise kommt ein Mensch mit vergebungsbereiter Einstellung gar nicht umhin, die Aufmerksamkeit, Achtung und Freundschaft von Menschen anzuziehen, die ebenfalls eine vergebungsbereite Einstellung haben. Sie erkennen deine Bemühungen, Vergebung zu säen, an, und wenn du selbst einmal Vergebung brauchst, wirst du sie von ihnen wahrscheinlich auch sofort ernten. Würdest du dich nicht auch lieber mit vergebungsbereiten Menschen umgeben? Angesichts meines

Hangs, immer wieder etwas richtig Dummes zu sagen und zu tun, wofür ich mich am Ende entschuldigen muss, kann ich dir versichern, dass ich mir für mein Kontingent an guten Freunden die am meisten vergebungsbereiten Menschen ausgesucht habe.

Gehe deshalb hin und bringe die Saat der Vergebung überall aus, wo du nur kannst. Säe Vergebung, wenn eine Kassiererin lieber ein Schwätzchen mit der Kollegin hält, als deinen Einkauf abzuwickeln; wenn der Hund deiner Nachbarn zum dritten Mal in einer Woche deinen Mülleimer ausräumt; wenn der Staat dir mit seinen gierigen Fingern schon wieder in die Tasche greift, um Maßnahmen zu finanzieren, mit denen du ganz und gar nicht einverstanden bist; oder schlimmer noch, wenn ein Fernsehsender die einzige intelligente Sendung im ganzen Fernsehen einstellt. Dennoch gilt natürlich: Was glauben die eigentlich, wer sie sind?

Wenn du dann allmählich die Ernte einfährst – wenn du merkst, dass deine Freunde und Feinde und sogar Gott dir ein wenig leichter und schneller verzeihen – dann denke stets an das Prinzip von Säen und Ernten. Denke auch daran, wenn ein gravierendes Unrecht Vergebung von dir verlangt. Es ist völlig in Ordnung, wenn du in sehr schwierigen Situationen den Samen der Vergebung ein wenig länger in der Hand behältst. Denke einfach an die Ernte: Vergebung zu säen, heißt Vergebung zu ernten.

> Christus hat recht eindringlich betont, dass schon der Natur der Sache nach ein Mensch unmöglich mit Gott im Frieden und zugleich mit seinem Nächsten im Streit sein kann. Diese beunruhigende Tatsache wird oft vertuscht, aber es lässt sich nicht leugnen, dass Christus dies gesagt hat, und die Wahrheit seiner Worte ist in der Bitte um Vergebung im Vaterunser verankert.
>
> J. B. PHILLIPS

Besinnung

Was hast du in letzter Zeit gesät? Denke einmal darüber nach. Was bedeutet das im Hinblick auf die Ernte, die du erwarten kannst? (Was mich angeht, ich habe Hektik gesät, und ich kann dir versichern, das Prinzip stimmt genau. Hektik habe ich auch geerntet.) Was würdest du gerne säen? Und wann willst du damit anfangen?

Übung

Eines der schönsten Gebete, die ich kenne, können Menschen jeder Glaubensrichtung beten. Es wird dem heiligen Franziskus von Assisi zugeschrieben – eben jenem Franziskus, der überall als der Mönch dargestellt wird, der mit den Vögeln spricht. Sprich dieses Gebet wenn nötig täglich, so lange bis du dir Franziskus' Bitte völlig zu eigen gemacht hast:

> Die vergebende Geisteshaltung ist eine magnetische Kraft, die das Gute anzieht.
> CATHERINE PORTER

„O Herr, mach mich zu einem Werkzeug deines Friedens, dass ich Liebe säe, wo man sich hasst, dass ich verzeihe, wo man sich beleidigt, dass ich da verbinde, wo Streit ist, dass ich die Wahrheit sage, wo der Irrtum herrscht, dass ich den Glauben bringe, wo der Zweifel drückt, dass ich Hoffnung wecke, wo Verzweiflung quält, dass ich dein Licht anzünde, wo die Finsternis regiert, dass ich Freude mache, wo der Kummer wohnt. Herr, lass mich trachten: nicht dass ich getröstet werde, sondern dass ich andere tröste, nicht dass ich verstanden werde, sondern dass ich andere verstehe; nicht dass ich geliebt werde, sondern dass ich andere liebe. Denn wer da hingibt, der empfängt; wer sich selbst vergisst, der findet; wer verzeiht, dem wird verziehen; und wer stirbt, erwacht zum ewigen Leben."

Wie Verzeihen wirklich gelingt

10

Ein rückhaltlos vergebender Gott

Eine vergleichende Untersuchung aller alten Religionen lässt eines überdeutlich erkennen: Wenn es um Vergebung geht, dann sticht der Gott der Juden und Christen alle anderen Gottheiten aus. Seien wir doch mal offen und reden wir Klartext. Die belanglosen kleinen Götter, die die Kanaaniter anbeteten? So ungefähr das Beste, was sie zustande brachten, war der Anschein, eine anständige Ernte sei ihr Werk gewesen; das Leid im Inneren eines einzelnen Menschen scherte sie keinen Deut. Auch die römischen Götter samt ihren griechischen und nordischen Entsprechungen wollten doch lediglich besänftigt werden. Solange die Menschen die Opfer vollzogen und die Gaben brachten, die sie forderten, behielten sie ihren Zorn für sich.

Im Gegensatz dazu ging es dem Gott in den hebräischen und christlichen Heiligen Schriften immer nur um Vergebung, seit Adam und Eva damals im Garten alles vermasselt haben. Die Frühzeit der Hebräer war eine einzige lange Achterbahnfahrt zwischen Sünde und Vergebung – Abkehr von Gott, Bereuen der Sünde, Gottes Vergebung erlangen und in einer erneuerten Beziehung mit Gott leben. Die Bibel ist gespickt mit Beispielen für die schwierige Beziehung der Israeliten zu Gott, der niemals ein Auge zudrückte oder wegsah, wenn sie seinen Lehren den Rücken kehrten, der ihnen aber auch nie seine unerschütterliche Barmherzigkeit und Vergebung verweigerte.

Was den Einzelnen betraf – da ließ Gott sich niemals davon abhalten, auch denjenigen reich

> Du erhörst Gebete, darum kommen alle Menschen zu dir. Die Verfehlungen lasten zu schwer auf uns, aber *du* kannst uns die Schuld vergeben.
>
> PSALM 65, 3-4
> (GUTE NACHRICHT BIBEL)

mit seiner Vergebung zu segnen, der sie am wenigsten verdiente. Stelle dir einmal vor, wie wir einen Regierungschef durch die Mangel drehen würden, der nicht nur eine Affäre hätte, aus der ein Kind hervorginge, sondern der auch noch dafür sorgen würde, dass der Ehemann seiner Geliebten an irgendeine Kriegsfront versetzt wird, damit er dort garantiert umkommt. Das Ganze aber natürlich erst, nachdem er Urlaub bekommen hätte, um nach Hause zu gehen und mit seiner Frau zu schlafen, so dass alle Welt glauben konnte, das Kind sei vom Ehemann und nicht vom Regierungschef. Wie vergebungsbereit wären wir da? Gott aber vergab König David all dies und entzog ihm noch nicht einmal die Macht. Kein Amtsenthebungsverfahren, keine Anklage, keine politische Kampagne in den Medien seiner Zeit. Gott bezeichnete David sogar noch als „Mann nach meinem Herzen". Ehebrecher, Betrüger, Täuscher, Misshandler, Lügner – und doch gilt er bei Gott als ein anständiger Mensch. Tiefe Scham, Kummer und Reue gingen seiner Absolution voraus, aber immerhin. David hatte es ziemlich gut.

Und erst Manasse! Dieser Kerl war schlimmer als der übelste Gauner in einem Film von Quentin Tarantino. Zugegeben, er wurde mit zwölf Jahren König, was wahrscheinlich jeden zu lebenslangem Machtmissbrauch verleitet. Doch Manasse war wie Osama bin Laden, Saddam Hussein und Idi Amin in einem. Er war ein grausamer und blutrünstiger König, der seine eigenen Kinder den Götzen opferte und, so sagt uns die Überlieferung, den Propheten Jesaja ermordete. Die Bibel berichtet, er sei so böse gewesen und habe das Königreich Juda so erfolgreich dazu verleitet, andere Götter anzubeten, dass die Menschen Gott überhaupt nicht mehr beachteten.

> Aber Manasse verführte die Leute von Juda und Jerusalem, dass sie es schlimmer trieben als die Völker, die der Herr vor den Israeliten ausgerottet hatte. Der Herr warnte Manasse und sein Volk, aber sie achteten nicht darauf. (2. Chronik 33, 9-10; Gute Nachricht Bibel)

Wie Verzeihen wirklich gelingt

An dieser Stelle musst du dir vorstellen, dass Gott dachte: „Und das nach allem, was ich für euch getan habe! Glaubt ihr etwa, ihr könnt mich einfach nicht beachten? Ich werd's euch schon zeigen!" Daher ließ Gott also zu, dass die Assyrer Juda angreifen und Manasse nach Babylon in Gefangenschaft führen konnten, freilich erst nachdem sie ihm einen Ring durch die Nase gezogen und ihm Fußfesseln angelegt hatten. Da endlich hörte Manasse den Weckruf, den Gott schon seit Jahrzehnten erschallen ließ:

> In dieser verzweifelten Lage suchte Manasse Hilfe beim Herrn, seinem Gott und dem Gott seiner Vorfahren. Er beugte sich tief vor ihm und flehte ihn um Erbarmen an. Und Gott erhörte sein Gebet: Er ließ ihn wieder nach Jerusalem zurückkehren und als König weiterregieren. Daran erkannte Manasse, dass der Herr der wahre Gott ist. (2. Chronik 33, 12-13 Gute Nachricht Bibel)

Wir müssen uns bewusst machen, dass Gott gegen uns ist, wenn wir sündigen; und doch wagen wir, darauf zu vertrauen, dass Seine gnädige Liebe die Hand nach uns ausstreckt, über jenen tiefen Abgrund hinweg, der uns von Ihm trennt. Wenn wir Seine liebevolle Haltung begreifen und Seine Gnade annehmen, dann setzt er Seine Liebe in uns frei. (K. Morgan Edwards)

So schön dieses Bild von Gottes Vergebungsbereitschaft auch ist – ich muss gestehen, dass es mich gehörig aus der Fassung bringt, wie schnell das alles geht. Am einen Tag ist Manasse noch ein brutaler Unmensch, und praktisch schon am nächsten ist Gott völ-

> Meine ganze Schuld hat er mir vergeben, von aller Krankheit hat er mich geheilt. So fern der Osten vom Westen liegt, so weit entfernt er die Schuld von uns.
>
> Psalm 103; 3, 12 (Gute Nachricht Bibel)

> Wir müssen beides sein: Menschen, die vergeben, und Menschen, denen vergeben wird.
>
> David Bronnert

lig darüber hinweg und vergibt ihm, weil er betet. Ich hätte mehr verlangt als ein reines Herz, das Gott ganz offensichtlich erkennen kann, aber ich nicht. Ich hätte zumindest einen klitzekleinen Beweis dafür gefordert, dass Manasse sich gebessert hatte. Dann, und nur dann, wäre er als König von Juda wieder eingesetzt worden. Aber so bin eben ich und nicht Gott.

Lassen wir meine Neigung zu kleinlicher Tyrannei einmal einen Augenblick außer Acht; denn diese Geschichten enthalten eine Lektion für uns alle. Ganz gleich, für wie verkommen wir uns halten, für wie unverzeihlich, unwürdig und verachtenswert, niemand ist unerreichbar für Gottes Liebe und Vergebung: Selbst wenn du eine Affäre hattest und den Tod der Partnerin deines Liebhabers verschuldet hast, um deinen Treuebruch zu vertuschen; selbst wenn du unschuldige Menschen niedergemetzelt und ein ganzes Volk in die Irre geführt hast, selbst wenn du das Leben deiner eigenen Kinder geopfert hast.

> Die meisten Gesetze verurteilen die Seele und verkünden ein Strafmaß. Das Gesetz meines Gottes ist vollkommen. Es verurteilt, aber vergibt. Es gibt überreich wieder, was es genommen hat.
>
> JIM ELLIOT

Das Buch über die heilige Kunst der Vergebung hat Gott geschrieben. Es ist übervoll mit Beweisen für Barmherzigkeit, Gnade und Segen für die gesamte Menschheit – die Guten ebenso wie die Bösen. Gottes Vergebung durchdringt die Seiten der Heiligen Schrift – sie zeigt sich in seiner rückhaltlosen Entschlossenheit, mit den Menschen, die er liebt, in Beziehung zu bleiben.

Besinnung

Male ein Bild von Gott. Ich meine es ernst. Dies kann eine sehr innige, meditative Tätigkeit sein. Bevor du anfängst, meditiere über das Bild Gottes. Stelle dir beim Malen in Gedanken folgende Frage: Wie sieht Gott in meinem Leben aus? Welches Bild steht mir vor Augen, wenn ich das Wort *Gott* höre? Wenn

Wie Verzeihen wirklich gelingt

ich mir Gottes Charaktereigenschaften auf zwei Waagschalen vorstellen sollte, welche würde sich dann zu meinen Gunsten neigen: Gottes Urteil oder Gottes Vergebung? Wie du Gott wahrnimmst, bestimmt zu einem großen Teil, wie du Vergebung wahrnimmst.

Übung

Sünde ist in unserer Gesellschaft zu einem Unwort geworden. „Ich habe im Leben auch Fehler gemacht", sagen wir und setzen damit ein Vergehen wie Ehebruch mit einer falschen Antwort bei einem x-beliebigen Wissens-Quiz gleich. Ein gravierendes Vergehen gegen Gott und andere ist kein Fehler; es ist die Definition jenes gemeinen Wortes *Sünde*. Wenn dieses gemeine Wort für dich sehr problematisch ist, dann ersetze es zumindest durch etwas, was eine gewisse Schwere ausdrückt – Vergehen, Übertretung oder Fehlverhalten. Dann bekenne alles vor Gott, damit du die Freiheit der Vergebung und einer erneuerten Beziehung zum Heiligen Geist erleben kannst.

> Vergebung ist immer kostenlos. Aber das heißt nicht, dass ein Schuldbekenntnis immer einfach ist. Manchmal ist es schwer. Unglaublich schwer. Es tut weh, unsere Sünden zu bekennen und uns Gottes Wohlwollen zu überlassen.
>
> ERWIN W. LUTZER

11

Uns selbst vergeben

Die Gewerkschafterin Dolores Huerta wird mit der folgenden prägnanten Frage zitiert: „Wenn du dir selbst noch nichts verziehen hast, wie kannst du dann anderen vergeben?" Wäre ich in irgendeiner Form dabei gewesen, als sie das sagte, ich wäre wild herumgehüpft, hätte mit den Armen gewedelt und ihr deutlich signalisiert, sie möge mich aufrufen, um ihr diese Frage zu beantworten. Denn ich kenne die Antwort, und sie ist ebenso prägnant: „Leicht. Sehr, sehr leicht."

Meine unwissenschaftlichen, statistisch völlig irrelevanten Beobachtungen bei meinen Mitmenschen haben mich davon überzeugt, dass wir Westler ein besonders masochistischer Menschenschlag sind. Unsere Neigung zu Introspektion und Selbstkritik macht uns besonders unversöhnlich gegenüber uns selbst. Vor die Wahl gestellt, würden wir meist eher einem Serienmörder seine abscheulichen Verbrechen verzeihen als uns selbst eine wenig feinfühlige Bemerkung, die wir irgendwann im letzten Jahrhundert einmal gegenüber einer Freundin haben fallen lassen. Der Grund liegt auf der Hand: Mit dem Serienmörder müssen wir nicht leben.

> Vergib dir für deine Schwächen und Fehler und schaue nach vorne.
> LES BROWN

Es gibt noch einen weiteren Grund, warum wir unfähig oder zumindest kaum bereit sind, ein wenig Selbstvergebung zu üben. Es liegt daran, dass die Notwendigkeit, uns selbst zu verzeihen, tagtäglich aufs Neue besteht: Verflixt nochmal, und das, zum Kuckuck, auch noch auf Dauer. Ich spreche hier als Expertin und aus reichlicher eigener Erfahrung. Sich selbst zu verzeihen, ist für Menschen wie mich etwas, was wir ein Leben lang lernen

Wie Verzeihen wirklich gelingt

müssen, und ich für mein Teil habe große Zweifel, ob ich das zu meinen Lebzeiten noch schaffen werde. Dir vergeben? Kein Problem! Mir selber vergeben? Riesenproblem!

Die Hindernisse zur Selbstvergebung tragen viele Namen. Perfektionismus. Scham. Schuldgefühle. Versagen. Schuldzuweisungen. Schwäche. Reue. Setze die Liste mit eigenen Wörtern beliebig fort. Letzten Endes laufen sie alle auf das Wort *menschlich* hinaus. Es fällt uns sehr schwer zu akzeptieren, dass wir auch nur Menschen sind. Wir glauben, wir sollten über den Fehlern stehen, die wir im Laufe unseres Lebens gemacht haben, aber uns schwirrt der Kopf vor negativen Erinnerungen, die immer wieder auftauchen, damit wir nur ja nicht vergessen, dass wir ganz und gar nicht über ihnen stehen. Dasselbe Gehirn, das sich nicht daran erinnert, was ich gestern Abend gegessen habe, lässt mich nie vergessen, welch bissigen Kommentar ich im Dezember 1965 beim Weihnachtsball in der High School losgelassen habe, eine ganz und gar nicht lustige Bemerkung, bei der ich heute noch zusammenzucke und die mir immer noch die Tränen in die Augen treibt, wenn ich sie lasse.

Was fangen wir also an mit unserem lebenslangen Dilemma? Niemand hat mir mehr geholfen, endlich zu lernen, mir selbst zu verzeihen, als der Schriftsteller und Psychologie-Professor Lewis Smedes. Da ich also in Sachen Selbstvergebung immer noch die Schulbank drücke, setze dich doch zu mir, damit wir gemeinsam aus Professor Smedes Weisheit entlehnte Erkenntnisse gewinnen.

Glücklicherweise hält Smedes unsere Schwierigkeiten, uns selbst zu verzeihen, für gar nicht einmal so schlecht. Fiele es uns leichter, wären wir womöglich allzu schnell damit bei der Hand, schweres Unrecht, das wir anderen zugefügt haben, einfach abzutun. Aber so schwer Selbstvergebung auch ist, so wichtig ist sie für unser gesamtes Wohlergehen. Hier bringt der gute Professor die Logik ins Spiel: Da man das Schuldzuweisungs-Spiel nur zu zweit spielen kann, stehen wir am Ende vor einem geteilten Selbst aus Beschuldiger und Beschuldigtem.

„Wir verspüren das Bedürfnis, uns selbst zu verzeihen, weil der beschuldigte Teil sich von dem beschuldigenden Teil abgespalten fühlt. … Wir werden von unserem eigenen Selbst vertrieben, und so kann man nicht leben", schreibt Smedes in *The Art of Forgiving*. „Deshalb müssen wir uns selbst vergeben, und deshalb ist dies auch sinnvoll: Wir werden innerlich zerrissen, und uns zu verzeihen, ist die einzige Möglichkeit, diesen Riss zu heilen."[*]

> Die Kunst, das Beste aus dir zu machen, ist die Kunst, deine Persönlichkeit zu dem Menschen zu entfalten, der du sein möchtest. Gehe sanft mit dir um, lerne dich zu lieben und dir zu vergeben; denn nur mit der richtigen Einstellung gegenüber uns selbst können wir die richtige Einstellung gegenüber anderen haben.
> WILFRED PETERSON

Innerlich zerrissen – genau so fühlen wir uns, wenn die Erinnerungen an unser schlechtes Benehmen und die Folgen unserer falschen Entscheidungen uns unisono verurteilen. Deshalb wäre es gut, wenn wir das Bild des inneren Friedensstifters, der den Graben zwischen dem beschuldigenden und dem beschuldigten Selbst auffüllen kann, ein Leben lang mit uns trügen. Uns zu verzeihen, wird zu einem Akt der Selbsterneuerung; wir setzen uns wieder instand und machen uns zu dem ganzen und vollständigen Menschen, der wir eigentlich sein sollen.

Nachdem er uns diese Weisheit vermittelt hat, lässt Professor Smedes uns aber nicht in der Vorlesung sitzen. Er führt uns vielmehr in die Welt hinaus, wo wir die Prinzipien der Selbstvergebung in unserem Alltag anwenden können. Dazu schlägt er unter anderem vor: Kläre im Detail ab, wofür du dir vergeben musst. Du hast die Macht, dir selbst Absolution zu erteilen; deshalb schaue in den Spiegel und sprich: „Gott vergibt dir und ich auch" – genau wie es die katholischen Priester bei der Absolution nach der

---

[*] Lewis B. Smedes, *The Art of Forgiving: When You Need to Forgive and Don't Know How*, Moorings 1996. Ins Deutsche übersetzt ist ein anderes Werk von Smedes: *Vergeben und Vergessen: Über die heilende Kraft der Vergebung*, Francke-Buchhandlung 2001.

Beichte tun. Handele so, wie ein vergebungsbereiter Mensch handelt. Tue für einen anderen Menschen etwas Spontanes, Verrücktes: „Tue irgendetwas Nettes, das dein praktisch veranlagter Teil als Spinnerei bezeichnen würde", schreibt er. Zur Feier des Wunders, das du an dir selbst vollbringst, vollbringe ein kleines Wunder für jemand anderen."*

Der wichtigste Vorschlag aber ist vielleicht, dir Tag für Tag immer wieder Absolution zu erteilen, jedes Mal, wenn die negativen Erinnerungen auftauchen. Es ist wie bei der Vergebung für andere: Je öfter wir es tun, desto leichter fällt es uns, uns selbst zu verzeihen – vielleicht sind ja diese wiederkehrenden Erinnerungen tatsächlich zu etwas gut im Leben.

Zu guter Letzt hilft es, stets daran zu denken: Wenn Gott uns vergeben hat, wer sind wir dann, dass wir uns seinem Urteil widersetzen? Das ist so, als wollten wir Gottes Entscheidungsgewalt und Macht über unser Leben an uns reißen – womit wir uns bereits die nächste Untat zu verzeihen hätten. Da ist es doch besser, mit Gott einig zu gehen, dass uns vergeben und die Sache damit erledigt ist.

> Stelle dich deinen dunklen Seiten und arbeite daran, sie durch Erleuchtung und Vergebung zu vertreiben. Deine Bereitschaft, mit deinen Dämonen zu ringen, versetzt deine Engel in helle Freude. Nutze den Schmerz als treibende Kraft, als Erinnerung an deine Stärke.
>
> AUGUST WILSON

Besinnung

Selbstvergebung kann eine stärkende Erfahrung sein, Selbstkritik hingegen ist ausgesprochen kräftezehrend. Doch vielleicht muss deine Selbstkritik dich erst völlig auszehren, damit du mit neuer Kraft erfüllt werden kannst. Schließe die Augen und kritisiere alles das, was du dir kaum verzeihen kannst … aber nur unter oder Bedingung, dass Gott dir die ganze Zeit amüsiert zuschaut. Das, was wir an uns selbst so abscheulich finden, ist für Gott meist ausgesprochen banal.

---

* Ebendort.

Und die ganzen Erinnerungen, die so schambesetzt und peinlich sind? Du kannst ziemlich sicher davon ausgehen, dass sich außer dir keiner mehr daran erinnert. Die anderen sind viel zu sehr damit beschäftigt, ihre eigenen schambesetzten und peinlichen Momente durchzuspielen.

> Wir sind ... nicht verpflichtet, ein für allemal vollkommen zu sein, sondern nur immer aufs neue zu versuchen, unser Ich hinter uns zu lassen. Vollkommenheit ist göttlich. Sie zum Ziel des Menschen zu machen, hieße den Menschen aufzurufen, wie Gott zu sein. Was wir tun können, ist, unser Herz in Reue reinzuwaschen. ... Es ist heiliger, Versagen zu bereuen, als sich an der eigenen Vollkommenheit genüge sein lassen.*
>
> ABRAHAM JOSHUE HESCHEL

Übung

Ein Hindernis für unsere Selbstvergebung ist unsere Unfähigkeit, zu begreifen, warum wir solche Schwierigkeiten mit diesem Konzept haben. Hinzu kommt unsere mangelnde Bereitschaft, uns die Zeit zum Nachspüren zu nehmen, was genau uns denn davon abhält, uns selbst zu verzeihen. Du kannst jetzt sofort anfangen, dieses Hindernis einzureißen, indem du den folgenden Satz vervollständigst:

Ich kann mir kaum selbst verzeihen, weil ____.

Wenn es sein muss, erstelle eine Liste. Vielleicht erkennst du dabei, dass es viele Gründe gibt, warum dir Selbstvergebung so schwerfällt. Zu den häufigsten gehören negative Botschaften, die du als Kind zu hören bekommen hast, selbst wenn du die besten Eltern der Welt hattest. Fast alle Gründe haben in irgendeiner Form mit einer Kombination aus geringem Selbstwertgefühl, falschen Vorstellungen von Vergebung und einer falschen Auslegung der Aussagen über Vergebung in den Heiligen Schriften zu tun.

Wenn du mit deinem Satz – oder deiner Liste – fertig bist, dann besprich ihn bzw. sie mit Gott. Stelle dir dabei einen liebevollen Gott vor, der dich auf alle falschen Vorstellungen hinweist, die

---

* Aus: Gott sucht den Menschen, Neukirchener Verlag 1980 – 3. Aufl. 1992, S. 309.

Wie Verzeihen wirklich gelingt

dich davon abhalten, dir zu verzeihen. Danach stelle dir vor, dass der Heilige Geist dich zur Wahrheit führt und dir zeigt, wie und warum du dir verzeihen solltest.

12

Wenn der Tod sich einmischt

Eine Freundin, die ich hier Janet nennen möchte, durchlebte eine Zeit, in der ihre Wut auf ihren Mann anscheinend keine Grenzen kannte. Nach fünfzehn recht passablen Ehejahren waren die letzten fünf Jahre eine unglaubliche Enttäuschung gewesen. Bei all den zahllosen Problemen in ihrer Familie hatte Bill seine Hände stets in Unschuld gewaschen, alles ihr überlassen und erwartet, dass sie gefälligst alleine damit fertig werde. Mehr als einmal dachte sie ernsthaft über eine Scheidung nach. Und dann ging er hin und leistete sich das Schlimmste von allem: Er starb. Plötzlich und ohne die geringste Vorwarnung.

Von ihrer Trauer gebeutelt, hatte Janet keine Ahnung, wie sie mit ihren widersprüchlichen Gefühlen umgehen sollte. Sie war immer noch wütend auf Bill, weil er ihr zu seinen Lebzeiten eine solche Last aufgebürdet hatte, und jetzt kam noch die Wut hinzu, weil er sie so sang- und klanglos verlassen hatte. Er hatte einfach aufgegeben und war gestorben. Dieser Mischung füge man noch ein paar Schuldgefühle bei – und schon steht Janet vor uns, eine Witwe, die völlig durcheinander ist. Offen gestanden, ich hatte damals nicht den Hauch einer Ahnung, wie ich ihr helfen könnte. Seither ist mir schmerzlich bewusst geworden, wie unangemessen wir mit Trauer umgehen. Ich glaube fast, dass eine Ausbildung in Trauer und Verlust für alle verpflichtend sein sollte. Fast.

Janet musste irgendwie mit dem Groll fertig werden, der sich über Jahre in ihr aufgestaut hatte. Da Bill nun nicht mehr da war und sie ihn mithin nicht zur Rede stellen konnte, musste sie zu einer anderen Maßnahme greifen. Und diese Maßnahme war Vergebung. Nur wenn sie ihm vergeben würde, könnte sie ihre Wut loslassen und sich schließlich auch von den Schuldgefühlen befreien, die ihre Last nur noch größer machten.

Aber wie vergibt man jemandem, der bereits gestorben ist? Woher soll zudem man wissen, ob der oder die Betroffene die Vergebung annimmt? Die Antwort auf die zweite Frage liegt auf der Hand: Wir können es nicht wissen. Es sei denn … und hier begeben wir uns aufs theologische Glatteis. Vielleicht lehrt dein religiöser Glaube, dass die Verstorbenen alles mitbekommen, was hier auf Erden vor sich geht, und ermuntert dich sogar dazu, mit ihnen zu kommunizieren. Innerhalb des Christentums ist man sich bei diesem Thema noch nicht einmal einig: Katholiken bitten die Verstorbenen regelmäßig um Fürsprache, wohingegen evangelikale Protestanten das Gebetsgespräch mit den Toten als Verstoß gegen Gottes Gebote betrachten. Eines aber ist gewiss: Ein verstorbener Mensch befindet sich in einem transformierten Zustand, in dem er nicht an die Grenzen des irdischen Menschenlebens gebunden ist. Für mich heißt dies, dass diejenigen, die vor uns zu Gott gegangen sind, die verständnisvollsten Wesen überhaupt sind. Ich vermute daher, dass wir getrost davon ausgehen dürfen, dass unsere Vergebung für einen Verstorbenen ihren Zweck erfüllt hat – und sei es auch nur in unserem eigenen Leben.

> Selbst wenn du wütend oder voller Verbitterung auf jemanden bist, der bereits verstorben ist, ist es dir immer noch möglich, ihm zu vergeben. Denn Vergebung ist Herzenssache. Und wenn du vergibst, erfährst du Gottes Freiheit und Befreiung an dir selbst.
>
> DOUG EASTERDAY

Doch zurück zur ersten Frage: Wie stellst *du* es an, jemandem zu vergeben, der bereits verstorben ist? Ich würde sagen, das hängt größtenteils davon ab, wie eng die Beziehung war, wie schwer das Unrecht wog und welches deine eigenen Bedürfnisse sind. Manche müssen sich alles von der Seele reden und schreiben einen langen Brief an den Verstorbenen, in dem sie jedes Unrecht und dessen Auswirkungen auf sich einzeln aufzählen. Andere empfinden vielleicht ein Gespräch als hilfreich, bei dem der oder die Verstorbene ihnen auf einem leeren Stuhl „gegenübersitzt" (siehe Übung am Ende dieses Kapitels). Mir selbst reichte es schon zu wissen, dass ich der betreffenden Person vergeben habe. Hätte der Verstorbene mich jedoch misshandelt oder missbraucht, hätte mir das bestimmt nicht genügt.

> Da [Gottes] Gebot zu vergeben absolut ist, lautet der erste und wichtigste Tagesordnungspunkt, dass wir [einem] Menschen helfen müssen, dem Verstorbenen zu vergeben. Selbst wenn derjenige, dem wir vergeben müssen, bereits hinübergegangen ist, müssen wir ihn aus unserer Unversöhnlichkeit befreien.
> CHARLES H. KRAFT

Ganz gleich, welche Methode du anwendest, entscheidend ist, dass du genau benennst, was du verzeihst. Wenn ein Mensch stirbt, der uns lieb – oder auch nicht ganz so lieb – war, dann wissen wir oft gar nicht so genau, weshalb wir eigentlich wütend auf ihn sind. Wenn wir ein Weilchen über unsere Reaktion auf seinen Tod nachgedacht haben, erkennen wir vielleicht, dass er uns eigentlich nie etwas *getan* hat. Er hat uns lediglich verlassen, und dafür müssen wir ihm vergeben. Aber auch hier hilft es, die Dinge zu benennen: Vergib deinem Vater seine drei Päckchen Zigaretten am Tag, durch die er deinen Kindern den Großvater genommen hat; vergib deiner Cousine dafür, dass sie sich ihre Drogen mit verschmutzten Nadeln gespritzt und ihre letzten Monate in einem Aids-Hospiz ohne Besuch von Freunden und Verwandten verbracht hat; vergib deiner besten Freundin dafür, dass sie sich ein einziges Mal nicht angeschnallt hat und dann auf einem vereisten Fahrbahnstück ins Schleudern geriet. (Es ist übrigens völlig in Ordnung, wenn du deine Wut umleitest – auf die Tabakindustrie, auf die Drogenkultur, auf das Wetter. Du musst lediglich deine Wut auf den betreffenden Menschen loswerden.)

Lindert die Vergebung deine Trauer und dein Verlustgefühl? Nein, aber darum geht es auch nicht. Es geht vielmehr darum, Unabgeschlossenes zwischen euch zu klären. Das gilt auch dann, wenn du von jemandem Vergebung suchst und diese Person stirbt, bevor du Gelegenheit hattest, sie darum zu bitten. Die Bitte um Vergebung in Form eines Briefes oder eines „Gesprächs" löst dieses Ungelöste, das dich quält und deine Schuldgefühle noch vergrößert. Aber woher sollst du wissen, dass die Person dir vergeben hat? Ich stehe fest zu meinem Glauben, dass verwandelte Wesen verstehende und deshalb vergebende Wesen sind.

Bei jedem Sterbefall, ganz gleich ob der Tod plötzlich oder allmählich eintritt, bleibt Ungelöstes zurück. Es hilft, daran zu denken, wenn du *schon wieder* wütend wirst – obwohl du dem Toten bereits vergeben hast. Trauer erfordert Zeit, doch diese Zeit kann wertvoll sein, wenn du es nur zulässt. Dann kannst du deine Erinnerungen an den Verstorbenen oder die Verstorbene einer „spirituellen Operation" unterziehen, wie Lewis Smedes sagt: Du kannst jenen verstorbenen Teil von ihm oder ihr, der Vergebung benötigte, herausschneiden und ihn oder sie vor deinem inneren Auge wieder heil werden lassen. Jetzt ist auch die Zeit, in der du dich mit der Realität abfinden und erkennen kannst, was lösbar ist und was nicht. Und es ist die Zeit, jemandem, der dich nicht einmal mehr darum bitten kann, großzügig Vergebung zu gewähren.

> Gott will, dass wir gnädig mit uns sind. Im Übrigen gehören uns unsere Sorgen gar nicht. Er nimmt sie auf sich, in Sein Herz hinein.
> GEORGES BERNANOS

> Wenn du noch nicht ganz tot bist, vergib …. So ein Groll ist schwer, ist irdisch; lass ihn auf Erden: Stirb leicht."
> JEAN-PAUL SARTRE

Besinnung

Tue etwas, was niemand gerne tut: Denke über deine Sterblichkeit nach. Nicht in krankhafter Weise und nicht, wenn du dadurch in Tränen zerfließt, sondern auf eine positive und transformierende Art. Stelle dir vor, dass Gott dich in seine Gegenwart aufnimmt. Stelle dir vor, welch große Freude in jenem Moment herrscht. Stelle dir dies im Lichte von Vergebung und Versöhnung vor – der Versöhnung mit jenen, die vor dir gegangen sind, jenen, denen du vergeben hast und die dir vergeben haben. Denke sorgfältig darüber nach, wie sich das wohl anfühlt. Aus dem Bild, das dabei entsteht, wirst du ersehen können, ob du den Verstorbenen wirklich vergeben hast – oder ob du wirklich glaubst, dass sie dir vergeben haben.

Übung

> Alle Religionen betonen die Macht der Vergebung, und diese Macht ist zu keinem Zeitpunkt notwendiger, wird niemals stärker empfunden als zur Zeit des Sterbens. Indem wir vergeben und indem uns vergeben wird, reinigen wir uns von den dunklen Aspekten all unserer Handlungen und bereiten uns umfassend auf die Reise durch den Tod vor.[*]
>
> SOGYAL RINPOCHE

Sorge dafür, dass du eine Zeit lang ungestört bleibst, und stelle einen leeren Stuhl auf. Setze dich diesem Stuhl gegenüber und tue so, als ob der oder die Verstorbene auf dem leeren Stuhl säße. Beginne ein Gespräch mit der Person. Jetzt ist Zeit und Gelegenheit, alles herauszulassen – sei es die Wut darüber, wie sie dich herumkommandiert hat; die Liebe zu ihr, die du ihr nie gestanden hast; deine Schuldgefühle, weil du nicht dafür gesorgt hast, dass sie eher zum Arzt ging, oder die Reue, dass du nie mit ihr in Paris warst. Stelle dir ihre Reaktion vor – aber denke daran, dass der Tod sie vielleicht in jemanden verwandelt hat, der seinem Wesen nach so ganz anders ist, als sie auf Erden war. Wenn du so weit bist, dann vergib ihr für das, was sie getan hat, oder bitte sie um Vergebung für das, was du getan bzw. nicht getan hast – oder tue beides. Dann stelle dir vor, dass ihr die Rollen, also die Stühle, tauscht: Sie lebt und du bist derjenige, der zu Gott gegangen ist. Konzentriere dich dabei insbesondere auf dieses „Bei-Gott-Sein". Wenn du bei Gott wärest, würdest du ihr vergeben? Würdest du ihre Vergebung annehmen? Wahrscheinlich schon. Glaube daran, dass es ihr genauso erginge.

---

[*]   Aus: Das tibetische Buch vom Leben und Sterben, Fischer 2006, S. 258

Wie Verzeihen wirklich gelingt

13
Eine gute Wahl

Wie sich herausstellt, kann der Entschluss, jemandem zu vergeben, für dich besser sein, als du vielleicht denkst. Ja, er kann sogar für dich besser sein als für den Menschen, dem du vergibst. Manche haben ihn deshalb schon als egoistische Entscheidung bezeichnet. Das liegt daran, dass die Vorteile einer vergebungsbereiten Grundhaltung für Gesundheit und Lebensqualität so zahlreich und drastisch sind, dass es in deinem eigenen Interesse liegt, regelmäßig und mit Freude Vergebung zu üben.

Mehrere neuere Studien haben eine alarmierende Liste körperlicher Störungen vorgestellt, die sich einstellen, wenn jemand Groll hegt und sich weigert zu vergeben. Um nur einige gesundheitliche Probleme zu nennen, die mit länger anhaltender Unversöhnlichkeit verbunden sind: Hoher Blutdruck und kardiovaskuläre Erkrankungen; Angstzustände, Depressionen und andere stressbedingte Störungen; ein geschwächtes Immunsystem sowie ein erhöhtes Schmerzniveau bei chronischen Schmerzpatienten.

Dies sind körperliche Probleme, die im Allgemeinen erst nach längerer Zeit auftreten. Wenn dir gestern Unrecht getan wurde, dann ist es unwahrscheinlich, dass dein Immunsystem heute schon stark geschwächt ist. Ein Symptom der Unversöhnlichkeit zeigt sich jedoch sofort: Zusammengebissene Zähne und angespannte Gesichtsmuskeln. Wir haben das wahrscheinlich alle schon einmal gesehen, aber hoffentlich nicht im Spiegel. Menschen, die gewohnheitsmäßig nicht verzeihen, haben oft einen erkennbar *verbissenen* Gesichtsausdruck. Es ist zwar wohl kaum eine wissenschaftliche Erkenntnis, aber ich vermute, dass man auch vorzeitiges Altern auf die Liste der Spätfolgen von Unversöhnlichkeit setzen kann. Wie Norman Vincent Peale einmal betont hat: Der ganze Groll, den du in dir angehäuft hast, tut der Person, der du grollst, nicht weh, aber er nagt Tag und Nacht an dir – nicht gerade ein Abbild eines langen und glücklichen Lebens.

Die Wut, der Groll und die Verbitterung, die wir mit uns herumtragen, sind einmal mit heißen Kohlen verglichen worden. Halte einen Moment inne und denke darüber nach, wie passend dieser Vergleich ist. Wer verbrennt sich an den heißen Kohlen, die wir mit uns herumtragen? Wir natürlich. „An Wut festzuhalten, ist so, als wenn du ein Stück heiße Kohle packtest, in der Absicht, sie nach jemandem zu werfen; derjenige, der sich daran verbrennt, bist du" – diese Beobachtung wird dem Buddha zugeschrieben. Es ist eine zutreffende Einschätzung des Schadens, den wir uns selber zufügen, wenn wir unsere Feindseligkeit gegenüber anderen partout nicht loslassen wollen.

Doch zurück zu unseren Forschungsstudien. Des Weiteren wurde festgestellt, dass auch Probleme der Lebensführung einen Bezug zu Unversöhnlichkeit haben. So haben Menschen, die jemandem unmöglich vergeben können, höhere Scheidungsraten (was nun wirklich keine Überraschung ist!) und vermehrte Probleme mit dem Missbrauch legaler und illegaler Drogen. Außerdem haben sie auch mehr Probleme in ihren übrigen Beziehungen. Du meine Güte, das kann ich mir gut vorstellen.

> Innere Gesundheit erreichen wir nur durch Vergebung – Vergebung nicht nur für andere, sondern auch für uns selbst.
>
> JOSHUA LOTH LIEBMAN

> Es ist gewiss, dass ein Mensch, der auf Rache sinnt, seine eigenen Wunden frisch hält, die ansonsten verheilen würden, so dass es ihm wieder gut ginge.[*]
>
> FRANCIS BACON

---

[*] Francis Bacon, „Über die Rache", in Essays. Neu übersetzt von Michael Siefener, Marix Verlag 2012, S. 22

Wie Verzeihen wirklich gelingt

Ich glaube, wir sollten diese Forschungsergebnisse unbedingt als Bestätigung für unsere vergebungsbereite Haltung ansehen und nicht als Blanko-Rezept. Denn es ist ganz und gar nicht so, dass man einem verbitterten Menschen lediglich sagen muss, er solle doch um seiner Gesundheit und seines Wohlbefindens willen vergebungsbereiter sein, und dann erwarten kann, dass er seinen Groll aufgibt. Auch wenn unser Verstand die bewusste Entscheidung treffen muss, jemandem zu vergeben, so muss doch am Ende auch unser Herz daran beteiligt sein. Eine Veränderung im Herzen kann man jedoch nicht einfach in der Apotheke kaufen.

Dennoch ist es gut zu wissen, dass diese ganze Vergeberei uns am Ende gesünder macht, nicht wahr? Es ist ebenfalls gut, daran zu denken, sobald wir auch nur das leiseste Zögern verspüren, jemandem zu vergeben. Vielleicht fällt es uns ja leichter, ihm zu verzeihen, wenn wir uns wieder vor Augen führen, dass Vergebung eindeutig auch zu unserem Besten ist.

Besinnung

Denke einmal über deinen momentanen Gesundheitszustand und dein Wohlbefinden nach. Wenn dich nicht gerade tatsächlich eine körperliche Störung aus der Bahn wirft, dann hältst du dies womöglich für eine unnötige Übung. Das hätte ich früher auch. „Mir geht's doch gut", hätte ich gedacht, und wäre schnurstracks zum nächsten Abschnitt übergegangen. Aber dabei hätte ich mir selbst etwas vorgemacht. Folge in diesem Fall lieber nicht meinem Beispiel.

Vielleicht ist das einzige Problem, das dir einfällt, dass du in letzter Zeit schlecht schlafen konntest. Denke einmal sorgfältig darü-

> Wenn du an Wut, Groll und Verletzungen festhältst, bekommst du davon nur Muskelverspannungen, Kopfweh und einen schmerzenden Kiefer vom Zähne-Zusammenbeißen. Vergebung schenkt dir das Lachen und die Leichtigkeit des Lebens wieder.
>
> JOAN LUNDEN

ber nach, *warum*. Der Grund kann etwas so Simples sein wie ein später Latte Macchiato oder etwas so Schwerwiegendes wie ein ganzer Wust an Gefühlen, die du zu lange unter Verschluss gehalten hast. Dasselbe gilt für Verdauungsstörungen. Du kannst sie natürlich auf das hastige Essen in der Mittagspause schieben, doch der Übeltäter könnte auch der schwelende Konflikt mit der Kollegin sein. Bitte den Heiligen Geist, dir jedes körperliche oder seelische Problem der letzten Zeit bewusst zu machen und dir dann die Weisheit und das Wissen zu schenken, das du benötigst, um gut damit umzugehen. (Meiner Erfahrung nach hat Gott kein Problem damit, sich bis in unsere Alltagsdinge herabzulassen; deshalb empfängst du vielleicht die Weisheit, dass du die Espresso-Maschine öfter mal links liegen lassen solltest.)

> Groll zu hegen, ist wie von einer einzigen Biene totgestochen zu werden.
>
> WILLIAM H. WARTON

> Vergebung ist der Pfad zum Glück und der schnellste Weg, um Leid und Schmerz zu beenden.**
>
> G.G. JAMPOLSKY

Übung

Charles Fillmore, der Begründer der amerikanischen Unity Church, einer spirituell-philosophischen Richtung innerhalb der Neugeistbewegung, riet Folgendes „zur Heilung von allem Übel": „Setze dich jeden Abend eine halbe Stunde lang hin und vergib im Geiste jedem, dem du etwas nachträgst oder gegen den du etwas hast."* Versuche das einmal. Ja gut, ich finde auch, dass dreißig Minuten zu Fillmores Zeiten (Ende des 19., Anfang des 20. Jahrhunderts) wahrscheinlich eher praktikabel waren als heute. Fangen wir stattdessen mit fünf Minuten an.

---

*   Charles Fillmore, *A Sure Remedy*, zitiert von http://divineorder.org/sure.htm
**   Aus: Gerald G. Jampolsky, Verzeihen ist die größte Heilung, Heyne 2005, S. 112

14
Radikale Vergebung

Es führt einfach kein Weg daran vorbei: Unser Gott ist ein radikaler Gott. Wir können mit aller Macht versuchen, den Heiligen Geist zu zähmen, Gott in einen gütigen alten Mann zu verwandeln, das wilde und verworrene Wesen des Allmächtigen auf eine sanfte und mitfühlende Gegenwart in unserem Leben zu reduzieren, aber das ändert nichts daran, wer Gott wirklich ist. Zumindest nicht auf Dauer.

Werfe nur einmal einen Blick in die Bibel, angefangen bei den hebräischen heiligen Schriften. Als Kind erzählt man uns lauter hübsche (oder unheimliche) Geschichten, aber später legen wir das Kindliche ab und lesen die Bibel als Erwachsene. Darin haut man uns gleich nach der Geschichte von Daniel (genau, der mit der „Löwengrube") das Buch Hosea um die Ohren. Und plötzlich liest du einzelne Abschnitte zweimal, weil du gar nicht glauben kannst, was du da beim ersten Mal gelesen hast.

Hat Gott Hosea wirklich befohlen: „Heirate eine Hure und zeuge mit ihr Hurenkinder"? So formuliert die *Gute Nachricht Bibel* den zweiten Vers des ersten Kapitels dieses Buches. Ich würde sagen, das ist ein ziemlich radikales Gebot, besonders wenn es vom moralischen Richter über das Universum kommt. Und dann – das soll einer verstehen! – gibt Hoseas Frau ihr Gewerbe nicht auf, aber Gott weist Hosea an, sie dennoch wieder zu sich zu nehmen: „Nimm dir nochmals eine Frau und liebe sie – eine Frau, die einen anderen Mann liebt und wegen Ehebruch verstoßen ist!" (Hosea 3, 1)

Was um alles in der Welt hat Hosea bloß getan, dass er von

dem Gott, der ihn berufen hat, eine solche Behandlung verdient hätte? Nichts. Denn bei der ganzen Sache geht es überhaupt nicht um Hosea. Es geht um Gottes unendliche Liebe und Vergebung für das betrügerische, verhurte Volk Israel, das damals anderen Göttern nachlief. An Hoseas Beispiel wollte Gott Israel zeigen, wie göttliche, überirdische Liebe aussieht. Nachdem er ihnen während des größten Teils des Buches ordentlich den Kopf gewaschen hat, verspricht Gott: „Ich wende ihnen meine Liebe zu, obwohl sie es nicht verdient haben; ich will nicht länger zornig auf sie sein." (Hosea 14, 5)

Ein neuer Anfang nach Israels unverhohlenem Ungehorsam und wiederholter Untreue. Das ist radikale Vergebung. Und es hat funktioniert.

> Wer seine eigenen Wege gegangen ist und sich gegen den Herrn aufgelehnt hat, der lasse von seinen bösen Gedanken ab und kehre um zum Herrn, damit er ihm vergibt! Denn unser Gott ist reich an Güte und Erbarmen.
>
> JESAJA 55, 7
> (GUTE NACHRICHT BIBEL)

Dann kam Jesus und predigte unerbittlich von Vergebung, sagte einem unterdrückten Volk, es solle auch noch die andere Wange hinhalten und siebzig mal sieben Mal vergeben und dafür sorgen, dass es die Angelegenheiten mit seinen Feinden in Ordnung bringe, bevor es sich Gott zur Anbetung nähere. Von seiner Botschaft weicht er niemals ab, gewährt den Menschen keinerlei Ausflüchte und bietet ihnen keinerlei Möglichkeit, den schweren Pfad von Vergebung und Versöhnung zu umgehen.

Jesus ist aber nicht eines Tages als voll ausgebildeter Prophet vom Himmel gefallen. Er wuchs in Palästina auf und wusste sehr wohl, welche Auseinandersetzungen sich dort abspielten. Erinnere dich, Palästina war damals besetztes Land unter der Herrschaft der Römer, denen die Juden kaum mehr galten als der gewöhnliche Mob. Ungerechtigkeit kennzeichnete die Gesellschaft. Doch trotz des Unrechts, das seinem Volk angetan wurde, sagte Jesus ihnen, sie sollten ihren Unterdrückern, ihren Verfolgern und ihren Misshandlern vergeben. Viele Juden, die erwartet hatten, dass Jesus die Römer grün und blau schlagen würde, verloren daraufhin den Glauben an ihn, weil er unablässig seine radikale Botschaft von Vergebung und Versöhnung predigte. Den Unterdrückern vergeben? Niemals!

Der springende Punkt ist, dass Gott uns radikale Vergebung vorführt und damit an diesem Beispiel zeigt, dass wir sie tatsächlich üben können. Zugegeben, er ist Gott, aber wir müssen uns nur umsehen, dann erkennen wir, dass auch Menschen durchaus radikale Vergebung üben können. Von den Familien von Mordopfern bis zu Opfern von Vergewaltigung und Pädophilie gelingt es Menschen immer wieder, über die Situation hinauszuwachsen und zu vergeben, und dies trotz Umständen, vor denen wir entsetzt zurückschrecken.

Corrie ten Booms berühmte Geschichte über radikale Vergebung kenne ich nun schon seit über dreißig Jahren, aber ich kann immer noch nicht genug davon bekommen. Ihr Bericht über die Fähigkeit des Menschen zur Vergebung ist so überzeugend wie kaum ein anderer. In dem Buch *Die Zuflucht*, das 1975 unter dem Titel *The Hiding Place* verfilmt wurde, erzählt sie, wie ihre christliche Familie, die während der Besetzung Hollands durch die Nazis Juden versteckt hatte, von einem Nachbarn verraten wurde.

Die Familie wurde auseinandergerissen, und Corrie und ihre Schwester wurden ins Konzentrationslager Ravensbrück deportiert. Corrie beschreibt die elenden Lebensbedingungen im Lager sowie die Misshandlungen und Erniedrigungen durch das Wachpersonal der SS – insbesondere jene, die sich über die nackten Frauen lustig machten oder ihnen anzügliche Blicke zuwarfen, wenn sie die Duschräume der „Desinfektions-Baracken" betraten.

> Frieden stellt sich ein, wenn keine Wolke zwischen uns und Gott steht. Frieden ist die Folge von Vergebung, von Gottes Hinwegnehmen dessen, was Sein Antlitz verhüllt und daher die Einheit mit Ihm bricht. Der glückverheißende Ablauf, der am Höhepunkt zur Gemeinschaft mit Gott führt, lautet Buße, Vergebung und Frieden – das Erste bringen wir dar, das Zwei nehmen wir und das Dritte erben wir.
>
> CHARLES H. BRENT

Ohne ausreichende Nahrung, Heizung und andere Lebensnotwendigkeiten erkrankte Corries geliebte Schwester schwer und starb schließlich aufgrund unzureichender medizinischer Versorgung.

Jahre später, es war nach einem Gottesdienst in München, in dem sie gerade über Vergebung gesprochen hatte, stand Corrie vor der größten Herausforderung ihres Lebens. Nachdem sie überall in Europa und den Vereinigten Staaten in einer Kirche nach der anderen ihre Botschaft der Vergebung verkündet hatte und sich sicher war, dass sie ihren Unterdrückern vergeben hatte, kam nun ein strahlender Mann auf sie zu, den sie als einen der abscheulichen Wärter vor den Duschen in Ravensbrück wiedererkannte.

> Wenn jeder eine friedliche, liebevolle, großzügige, nicht wettbewerbsorientierte Grundeinstellung pflegte, dann hätten wir etwas Besseres als eine Gegenkultur – wir hätten das Reich Gottes.
> MARVIN HARRIS

Plötzlich brachen der ganze Schrecken und das Leid, das sie erlitten hatte, wieder über sie herein. „Ich bin so dankbar für Ihre Botschaft, Fräulein", sagte der ehemalige KZ-Wärter. „Allein der Gedanke, dass ER, wie Sie gesagt haben, meine Sünden von mir abgewaschen hat!" Corrie stand wie versteinert da und weigerte sich, seine ausgestreckte Hand entgegenzunehmen, überwältigt von ihrer eigenen Scheinheiligkeit. „Jesus, ich kann ihm nicht verzeihen", betete sie im Stillen. „Schenke mir deine Vergebung."

Und das tat er. „Ein Strom" sei von ihrer Schulter durch ihren Arm und ihre Hand bis zu dem Mann gelaufen, sagt sie, als sie ihm schließlich doch die Hand geben konnte. In diesem Moment wurde sie von Liebe zu ihm überwältigt. „Und so habe ich entdeckt, dass die Heilung der Welt ebenso wenig von unserer Vergebungsbereitschaft wie von unserer Güte abhängt, sondern von Gottes", schreibt sie. „Wenn er sagt, wir sollen unsere Feinde lieben, dann gibt er uns mit dem Gebot auch die Liebe."

Ich kenne keine stärkere Geschichte über radikale Vergebung, aber viele, die dieser nahekommen. Und ich weiß um das eine Element, das ihnen allen gemein ist: Die überirdische Kraft zur Vergebung, die nur von Gott kommen kann. Radikale Vergebung? Fürwahr ein heiliger Akt.

Besinnung

Es ist ganz gewiss eine Herausforderung, aber versuche einmal, dich in Corries Stelle hineinzuversetzen, als sie in jener Kirche in München steht. Schlüpfe in ihre Rolle und lasse zu, dass du spürst, was Corrie empfunden haben muss. Denke daran, sie ist – du bist – weithin für ihre Botschaft der Vergebung bekannt. Wie hättest du auf den Wärter reagiert, angesichts des Konflikts zwischen deinem Ruf und dem, was du für richtig hältst, auf der einen Seite, sowie dem Hass, der soeben wieder in dir aufgeflammt ist und sich jeden Moment Bahn zu brechen droht, auf der anderen? Vermutlich hat Corrie auch in ihrer Predigt von Ravensbrück gesprochen, und der Wärter hat erkannt, dass sie zu jener Zeit dort inhaftiert war, als er in dem Lager Dienst tat, obwohl wir das nicht mit Sicherheit wissen. Auf jeden Fall ist er verzückt vor Freude, dass Gott ihm vergeben hat. Welche Bedeutung hat daher deiner Meinung nach Corries – deine – Vergebung für ihn noch?

> Vergebung ist der Schlüssel, der die Tür des Grolls und die Handschellen des Hasses aufschließt. Sie ist eine Macht, die die Ketten der Verbitterung und die Fesseln der Selbstsucht zerreißt.
>
> CORRIE TEN BOOM

Übung

In dem Wort *Macht* klingt Vieles an, und einiges davon ist negativ. Das gilt für Glaubensgemeinschaften ebenso wie auf weltlichem Gebiet. Religiöse Führer, die ihre Macht missbraucht und sie dadurch zu einer Kraft des Bösen statt des Guten gemacht haben, haben schreckliches Unrecht begangen und

> Vergebung ist ein Willensakt, und der Wille kann unabhängig von der Temperatur des Herzens agieren.
>
> CORRIE TEN BOOM

spirituelle Macht in Verruf gebracht. Meditiere über die Macht, die Gott uns verleiht, und über die Verantwortung, die wir im Umgang damit haben. Erkenne, in welcher Form sich diese Macht in deinem Leben zeigt (etwa als die Macht, „die andere Wange hinzuhalten", oder als die Macht, Verzweifelnden Hoffnung zu schenken). Sei bereit, Menschen außerhalb der Glaubensgemeinschaften verstehen zu helfen, dass ein Unterschied besteht zwischen dem Machtmissbrauch einiger religiöser Institutionen und Führer und der Herrlichkeit von Gottes Macht sowie der Bereitschaft des Heiligen Geistes, uns an dieser Macht teilhaben zu lassen.

15
Ans Vergessen denken

Es gibt eine wunderbare Geschichte über Clara Barton, die Gründerin des amerikanischen Roten Kreuzes, und eine Frau, die ihr einmal Unrecht getan hat. Eine Freundin, die den Vorfall gut kannte, war fassungslos, wie freundlich Barton der Frau begegnete. War sie von allen guten Geistern verlassen? Hatte sie vergessen, was die Frau ihr angetan hatte? Natürlich nicht. Barton versicherte ihrer Freunden: „Ich erinnere mich klar und deutlich daran, wie ich das vergessen habe."

Dies ist eine großartige Auslegung der Redewendung vom „Vergeben und Vergessen". Aber es ist eben nur eine von vielen möglichen Auslegungen, und sie gilt eindeutig nicht für alle Fälle. Es gibt viel zu viele Situationen, in denen es tatsächlich unverantwortlich wäre, das Unrecht zu vergessen. Spontan denkt man dabei an den Holocaust und den 11. September, aber Gräueltaten jedweder Art sollten niemals vergessen werden. Ebenso wenig sollten wir persönliche Verbrechen und Missbrauch vergessen – oder erwarten, dass sie von anderen vergessen werden –, die sehr viele Menschen um liebe Angehörige und Freunde, um ihre Sicherheit und ihren Seelenfrieden gebracht haben.

Doch gehen wir noch einmal einen Schritt zurück und betrachten wir das Konzept des Vergessens aus dem Blickwinkel der Vergebung. Als Erstes müssen wir uns klar machen, dass wir niemals etwas völlig „vergessen"; alles ist irgendwo in unserem Gehirn gespeichert, doch unser Zugang zu einer bestimmten Information oder zu gewissen Erinnerungen kann durch verschiedene Faktoren begrenzt sein. Deshalb glauben wir vielleicht, wir hätten alles vergessen, was mit einem alten, belastenden Vorfall zusammenhängt, aber die Erinnerung daran treibt sich immer noch irgendwo herum.

Zweitens müssen wir begreifen, dass das Vergessen, von dem Clara Barton spricht, die bewusste Entscheidung ist, uns nicht mehr mit etwas zu befassen, was wahrscheinlich ein recht unbedeutendes Unrecht war. Sie meinte nicht, dass ihr Gehirn die Erinnerung an das Unrecht ausgelöscht hätte; sie meinte vielmehr, dass sie sich dafür entschieden hatte, nach vorne zu schauen und die Beziehung zu der Frau fortzusetzen, ohne sich selbst oder das gegenseitige Verhältnis von der Erinnerung an das Unrecht beherrschen zu lassen. Sie verweigerte ihrem Verstand einfach die Erlaubnis, die Bilder von dem Vorfall immer wieder vor ihrem geistigen Auge abzuspielen.

> Sei die Veränderung, die du dir in der Welt wünschst.
> Mahatma Gandhi

> Für das Vergessen sorgt die Zeit, aber Vergebung ist ein Willensakt, und nur der Leidende ist zu dieser Entscheidung berechtigt.
> Simon Wiesenthal

Es gibt auch ein „Vergessen", das eng mit dem Leugnen verwandt ist. Zu diesem Vergessen nehmen zum Beispiel Opfer häuslicher Gewalt oft Zuflucht. Der misshandelte Partner vergibt dem Misshandelnden und vergisst – oder leugnet – die äußerst hohe Wahrscheinlichkeit, dass die Misshandlungen weitergehen. Diese Art des Vergessens ist nicht nur kontraproduktiv, sondern sogar gefährlich. Wir müssen uns an Situationen erinnern, die unserer Gesundheit und unserem Wohlbefinden schon einmal geschadet haben, damit wir die Fähigkeiten und das Gespür dafür entwickeln, ihnen in Zukunft aus dem Weg zu gehen. Außerdem sollten wir stets daran denken, aus gefährlichen Situationen zu flüchten, ganz gleich wie vergebungsbereit wir sind. Du kannst alles vergeben, was du willst – aber rufe zuerst die Polizei.

Schließlich gibt es noch ein Vergessen, das schlichtweg schändlich und ehrlos ist. Wollen wir wirklich und mit voller Absicht den Holocaust, den 11. September, das Blutvergießen in Südafrika, im Sudan, in Ruanda, in Uganda, im Kongo, und Gott weiß in wie vielen Ländern innerhalb und außerhalb Afrikas noch, einfach vergessen? Dies alles zu vergessen – oder schlimmer noch, zu leugnen, dass es je stattgefunden hat – wäre eine Schande für uns selbst und eine Entehrung des Angedenkens der Millionen, die unter den Händen von Wahnsinnigen, Terroristen und Guerilla-Kämpfern abgeschlachtet wurden.

Wir sollten daher bereit sein, zu vergeben und uns zu erinnern – solange dies nicht zu einem endlosen Abspielen zerstörerischer innerer Bilder ausartet, die alles Verletzende festhalten, was uns je gesagt oder getan wurde. Das verlängert lediglich unsere Qual und verstärkt unsere negativen Gefühle. Weder schadet es demjenigen, der uns Unrecht getan hat, noch trägt es in irgendeiner Form zur Heilung unserer Wunden bei.

Mir gefällt, was ein Mann namens Carl Bard einmal gesagt hat: „Zwar kann niemand zurückgehen und einen völlig neuen Anfang machen, aber jeder kann jetzt gleich damit anfangen, ein völlig neues Ende zu gestalten." Eine Möglichkeit dazu ist, zu überlegen, wie wir vergessen können – und wann wir das nicht tun sollten.

> Vergeben heilt die Wunde, vergessen heilt die Narbe.
>
> ANONYM

> Es heißt nicht „vergeben und vergessen", als wäre nie etwas Unrechtes geschehen, sondern „vergeben und nach vorne schauen", damit wir aus den Fehlern der Vergangenheit und der durch die Versöhnung erzeugten Energie eine neue Zukunft bauen können.
>
> CAROLYN OSIEK

Besinnung

Welche Erfahrungen hast du mit dem absichtlichen Vergessen gemacht? Möglicherweise ist es dir schon immer leichtgefallen, geringes Unrecht gezielt auszublenden, eine beißende Bemerkung eines Verwandten zu ignorieren oder darüber hinwegzusehen, dass eine Freundin dich nicht zu einem besonderen Ereignis eingeladen hat. Aber vielleicht war es gar nicht so einfach, jemandem zu vergeben, der dich tief verletzt hat, weil du die Erinnerungen an den Vorfall einfach nicht aus dem Kopf bekommst. Wie kannst du den Balsam absichtlichen Vergessens auf deine tieferen Wunden streichen, ohne sie zu missachten?

> Vergeben bedeutet nicht, dass die Leute vergessen sollen. Im Gegenteil, es ist wichtig, dass wir uns erinnern, damit wir nicht zulassen, dass solche Gräueltaten noch einmal geschehen. Vergebung bedeutet nicht, das Getane gutzuheißen. Sie bedeutet, ernst zu nehmen, was geschehen ist, es nicht herunterzuspielen; den Stachel aus dem Gedächtnis zu ziehen, der unsere gesamte Existenz bedroht.
> DESMOND TUTU

Übung

Erinnere dich bewusst an ein schweres Unrecht, das dir jemand zugefügt hat. Ich sage absichtlich nicht „das schwerste", denn ich möchte nicht, dass du glaubst, du müsstest für diese Übung eine schreckliche Erfahrung noch einmal durchleben. Entscheide dich für etwas, das nicht äußerst schmerzvoll und traumatisch war. Erinnere dich an alle Einzelheiten des Vorfalls – und bitte Gott dann, dir die Situation zu erhellen. Im Licht der Wahrheit kannst du darin vielleicht etwas Gutes erkennen, was du bisher noch gar nicht sehen konntest. Bei den meisten Menschen waren nur sehr wenige negative Vorfälle im Leben durch und durch schlecht. Selbst wenn du dich endgültig mit jemandem zerstritten hast, kannst du jetzt vielleicht zum ersten Mal erkennen, welchen dauerhaft positiven Einfluss die oder der Betreffende auf dein Leben hatte. Richte deine Aufmerksamkeit auf dieses Gute, das das Licht dir offenbart, und vergiss ganz absichtlich das, was die Erinnerung nicht wert ist.

16

Verwandelnde Vergebung

In getrennten Studien über die Einstellung der Amerikaner zur Vergebung haben in den letzten Jahren mindestens zwei Forschungsgruppen Ergebnisse erzielt, die zugleich gute und schlechte Nachrichten darstellen. Beide Studien behandelten ein weites Feld, doch auf einem Gebiet – nämlich Gottes Vergebung – enthielten die Ergebnisse einen verblüffenden Widerspruch, der mich aufmerken ließ.

Die gute Nachricht lautet, dass gemäß dem *Institute of Social Research* der *University of Michigan* eine beachtliche Mehrheit der Amerikaner – annähernd fünfundsiebzig Prozent – das Gefühl hat, Gott habe ihnen vergeben. Die schlechte Nachricht ist, dass dies ihre Lebensführung nicht weiter beeinflusst hat. Gemäß den Ergebnissen der Forschungsgruppe um George Barna machte insbesondere die Generation der Babyboomer, also der geburtenstarken Jahrgänge nach Ende des Zweiten Weltkriegs bis etwa Mitte der Sechzigerjahre, mit ihrer „Lade Jesus in dein Herz ein"-Mentalität gerne von dem Angebot der Vergebung Gebrauch, setzte dann aber ihr Leben unverändert fort, ganz so, als ob nichts weiter von Bedeutung geschehen wäre.

„Nur sehr wenige amerikanische Christen haben das Gefühl einer spirituellen Zerknirschung erlebt, aufgrund derer sie

> Eine spirituelle Umkehr, die nicht auch eine Umkehr im Leben bedeutete, wäre keine Umkehr, sondern eine Selbsttäuschung … Die Seele kann nicht Gottes sein, während zugleich das Leben nicht Gottes ist. Die Seele kann nicht neu erschaffen sein, das Leben aber unverändert bleiben … Wo keine äußere Veränderung eintritt, kann man mit Sicherheit davon ausgehen, dass eine innere Veränderung nicht stattgefunden hat.
>
> ROLAND ALLEN

Gott baten, sie durch die Liebe Christi barmherzig anzunehmen", betonte Barna. „Wir haben ein ganzes Volk von ‚Christen', die das beste Angebot bereitwillig angenommen haben, aber nur sehr wenige, die in tiefer Demut und Hoffnungslosigkeit vor einem heiligen und allmächtigen Gott standen und Ihn um unverdientes Mitgefühl anflehten."[*]

Gedemütigt. Hoffnungslos. Spirituell zerknirscht. Das war ich, eine gutgläubige Babyboomerin, an einem lauen Frühlingsabend im Jahr 1972, als ich Gott um Vergebung bat. Keine halbe Stunde vorher hatte ich Gott, und alles, was mit Gott zusammenhing, als bloßes Wunschdenken abgetan. Ich saß mitten in einem ganzen Saal voller versponnener evangelikaler Christen und lehnte auch sie in Bausch und Bogen ab. Wie viel Ahnung von der Sünde sollten diese blitzsauberen, geleckten Barbies und Kens um alles auf der Welt denn haben? Oder überhaupt vom Leben? Und was hatte mich bloß getrieben, zu dieser Veranstaltung mitzukommen? Vielleicht weil es Freitagabend war und ich nichts vorhatte, weil mir langweilig, es aber noch zu früh für einen Streifzug durch die Bars war. Und überhaupt: Wenn ich ein Mal dorthin ginge, dann könnte ich immer sagen: „Ich bin ja mal da gewesen und es hat mir nichts gebracht." Dann müssten meine ehemaligen Saufkumpane, die mittlerweile Jesus-Freaks geworden waren, mich endlich in Ruhe lassen mit ihrem nervigen Gerede, ich solle mein Leben Gott übergeben und so weiter.

Nur dass es nicht so funktioniert hat. Weil nämlich der Redner an jenem Abend – ein Harley fahrender Bibel-Professor, den ich als glatten Betrüger abgetan hatte – zwölf Worte hintereinander sagte, die ich nicht abtun konnte: „Gott hat uns unsere Sünden nicht nur vergeben; er hat sie vergessen." Diese Worte trafen mich mit einer Kraft, die ich mir bis heute nicht richtig erklären kann. Mein Verstand vernebelte sich, wurde wieder klar und hellwach, zog sich anschließend aus dem be-

---

[*]   Persönliche Notizen bei einem Vortrag von George Barna bei der International Christian Retail Show im Juli 2005 in Denver, Colorado.

Wie Verzeihen wirklich gelingt

wussten Denken zurück – immer im Wechsel. Ich kann mich nur noch daran erinnern, dass ich dachte: „Was? Was hat er gerade gesagt?"

Gott sollte tatsächlich meine Sünden *vergessen* können? Ich konnte das nicht! Wie konnte der Richter über die ganze Welt so etwas tun? Hieß das, dass ich ein strengerer Richter über meine Sünden war als sogar *Gott*?

Eine halbe Stunde später war ich ein schluchzendes Häufchen Reue, unfähig, auch nur ein einziges Wort zu Gott zu sagen. Minuten später erlebte ich, wie die Fluten der Liebe und Vergebung über mich hereinbrachen. Über mich! Mitten unter diesen ganzen Barbies! Vergeben, mit Gott versöhnt und – wie die Zeit noch weisen würde – verwandelt.

An jenem Abend zog ich nicht durch die Bars.

Unter meinen Freunden und Verwandten waren etliche der Meinung, mein neu gefundener Glaube sei bloß eine Phase. Irgendwann würde ich wieder ganz genauso leben wie früher, und dieser ganze Gotteskram wäre nur noch eine blasse Erinnerung. Ich bin mir sicher, dass manche auch heute noch darauf warten, nach fünfunddreißig Jahren.

Aber das werde ich nicht. Denn ich bin eine jener „ganz wenigen Amerikanerinnen", die das aufrichtige Gefühl spiritueller Zerknirschung erfahren haben und vermutlich wohl auch eine der ganz wenigen aus der Generation der Babyboomer, die erkannt haben, dass an jenem Abend für mich und mein Leben etwas wirklich Folgenschweres geschehen war.

Wissen Sie, es ist sehr leicht, Argumente gegen theologische Ideen, spirituelle Konzepte und biblische Prinzipien ins Feld zu führen. Es ist deshalb leicht, weil wir Worte benutzen müssen, um unseren Standpunkt darzulegen, und weil Worte – sogar unsere eigenen – in den Händen derjenigen, die unsere Behauptungen bestreiten, zu Waffen werden können. Aber gegen ein aufrichtig verändertes Leben lässt sich nur sehr schwer etwas einwenden. Wenn mein Leben sich so dramatisch veränderte, dass ich anderen wie ein völlig neuer Mensch vorkam,

> „Ich kann vergeben, aber ich kann nicht vergessen", ist nur eine andere Formulierung für „Ich will nicht vergeben". Vergebung sollte wie eine ausgelöschte Notiz sein – durchgerissen und verbrannt, so dass sie einem nie wieder vorgehalten werden kann.
>
> HENRY WARD BEECHER

dann geschah dies nicht, weil ich mir eine hübsche Sammlung hochfliegender Ideen, Konzepte oder Prinzipien zu eigen gemacht hatte, sondern weil ich eine lebensverändernde, verwandelnde Begegnung mit Gott gehabt hatte, die einzig durch sein großherziges Angebot der Vergebung und Versöhnung möglich geworden war.

Gottes Vergebung – die echte, nicht irgendeine fingierte Wellness-Idee in unserem Hirn – ist transformierend. Sie verändert uns. Sie macht uns zu Menschen, die durch die Macht, die Gott uns verliehen hat, wiederum anderen das großherzige Angebot von Vergebung und Versöhnung machen können.

Besinnung

Hattest du eine lebensverändernde Begegnung mit Gott, die auf Vergebung beruhte? Hast du je echte spirituelle Zerknirschung, Demütigung oder Hoffnungslosigkeit erfahren? Wenn du völlig am Ende bist, ist die Wahrscheinlichkeit am größten, dass du siehst, wie Gott dir zuwinkt und dich einlädt, die Vergebung anzunehmen, die dein Leben wahrhaft verwandeln wird.

Übung

Frage jemanden, der dir nahesteht, welche Verwandlung er oder sie in deinem Leben wahrgenommen hat. Die Antwort könnte dich durchaus überraschen: Möglicherweise bist du auf eine Art und Weise verwandelt worden, wie du es dir nie gedacht hättest. Andererseits bist du vielleicht auch nicht sonderlich glücklich mit der Antwort, die du erhältst, aber das gehört dazu. Zum Beispiel könnte deine Partnerin oder dein Partner sagen, dass du ihn oder sie bei weitem nicht mehr so stark manipulierst wie bisher – womit dir klar wird, dass dir damit schon wieder Unrecht getan wird und du dies wirst verzeihen müssen. Wenn du diese Übung jedoch aufgeschlossen angehst, dann wirst du auf lange Sicht wahrscheinlich sehr viel zufriedener mit dir sein. Andere können die erstaunlichsten Dinge in uns sehen – Eigenschaften und Charakterzüge, die wir uns nie hätten vorstellen können – und wenn sie das tun, sollten wir am besten nicht mit ihnen streiten. Glaube einfach, dass sie die klügsten, scharfsinnigsten und einfühlsamsten Menschen der Welt sind.

Passt euch nicht den Maßstäben dieser Welt an. Lasst euch vielmehr von Gott umwandeln, damit euer ganzes Denken erneuert wird. Dann könnt ihr euch ein sicheres Urteil bilden, welches Verhalten dem Willen Gottes entspricht, und wisst in jedem einzelnen Fall, was gut und gottgefällig und vollkommen ist.

RÖMER 12, 2
(GUTE NACHRICHT BIBEL)

Wir alle sehen in Christus mit unverhülltem Gesicht die Herrlichkeit Gottes wie in einem Spiegel. Dabei werden wir selbst in das Spiegelbild verwandelt und bekommen mehr und mehr Anteil an der göttlichen Herrlichkeit. Das bewirkt der Herr durch seinen Geist.

2. KORINTHER 3, 18
(GUTE NACHRICHT BIBEL)

17
Wahre Freiheit

Vergeben heißt, einen Gefangenen zu befreien
und dann zu entdecken,
dass der Gefangene du selber warst.

LEWIS B. SMEDES

Dieses Zitat ist so stark, dass es eine ganze Zeile für sich allein verdient, finde ich. Es drückt so prägnant aus, was echte Vergebung in Wahrheit ist, dass ich gute Lust hätte, einen Auto-Aufkleber daraus zu machen. Wäre das nicht großartig – Auto-Aufkleber, die sanft zur Vergebung ermuntern? Statt für unseren aalglatten Lieblingspolitiker zu werben, könnten wir mit unseren Autos die Welt tatsächlich ein klein wenig besser machen.

Mein soeben entdeckter Auto-Aufkleber-Spruch verkörpert ein Prinzip, das wir uns alle stets vor Augen halten sollten: Wir ketten uns an die Dinge und Menschen, die uns wehgetan haben, wenn wir zulassen, dass sie unser Denken beherrschen. Und glauben Sie mir, wenn wir Vergebung verweigern, dann können sowohl das Unrecht als auch derjenige, der es uns angetan hat, unsere Gedanken völlig vereinnahmen.

Ich habe unzählige Frauen kennengelernt, die sagten, sie seien froh, sich von einem schrecklichen Ehemann oder Partner befreit zu haben, nur um noch monatelang in einem fort den miesen Kerl zu kritisieren, zu verfluchen und sich über ihn zu beklagen. Ich würde dann am liebsten schreien: „Das kannst du doch gar nicht ernst meinen! Du bist jetzt kein bisschen freier als zu der Zeit, als der Halunke noch mit dir zusammengelebt hat!" Vielleicht mache ich es das nächstes Mal wirklich.

Unversöhnlichkeit ist die am meisten „verschlossene" Hal-

Wie Verzeihen wirklich gelingt

tung des Menschen. Ich stelle mir Unversöhnlichkeit als ein geballtes Herz vor – wie eine geballte Faust, die etwas so sehr festhält, dass es dem Menschen, der zu der Faust gehört, weh tut. Denke einmal über dieses Bild nach. Wenn du, wie ich, schon einmal ein „kardiovaskuläres Ereignis" gehabt hast, dann weißt du, dass du so etwas nicht noch einmal erleben möchtest. Dein echtes, körperliches Herz verkrampft sich, es fühlt sich wie „geballt" an. Minutenlang scheinen die Zeit und das ganze Leben stillzustehen. Sobald dein Herz wieder einsetzt und normal weiterschlägt, würdest du alles tun, nur damit so etwas nie wieder passiert. Wenn du schlau bist, versteht sich.

Stelle dir vor, dass dein zweites Herz – dein Geist – sich ähnlich verkrampft. Genau das passiert, wenn du Vergebung verweigerst. Dein Geist richtet sich gegen sich selbst und hält das Unrecht immer fester im Griff. Ein Teil deines Lebens erleidet einen Stillstand; dein Herzschlag setzt aus, der Puls des Lebens, der deine normalen Funktionen aufrechterhält. So kann man nicht leben; so muss man sterben.

Kehren wir noch einmal zu der Gefängnis-Metapher zurück. Das Besondere an einem Gefängnis, im übertragenen Sinne, ist, dass du darin einsitzen kannst und es noch nicht einmal bemerkst. Zwei Bilder drängen sich auf, eines ist Fakt, das andere Fiktion: Kommunismus und *Matrix*. Viele Menschen, die in eine kommunistische Gesellschaft hineingeboren wurden, hatten keine Vorstellung von der Freiheit, die ihnen entging, bis sie erwachsen wurden und erfuhren, welche Freiheiten für Menschen in anderen Ländern selbstverständlich sind. Auch die Menschen in dem Film *Matrix* waren ähnlich ahnungslos; erst wenn sie dieser Matrix entkamen, konnten sie erkennen, in welchem Gefängnis sie gelebt hatten.

> Wenn du dich weigerst, jemandem zu vergeben, dann willst du noch etwas von diesem Menschen, und selbst wenn du Rache willst, *bist du dadurch für immer an ihn gebunden.*
>
> HENRY CLOUD UND JOHN TOWNSEND

> Mit geballter Faust kann man einander nicht die Hand reichen.
>
> INDIRA GANDHI

Unversöhnlichkeit ist ein Gefängnis, das du erst erkennen kannst, wenn du seinen eisernen Gittern entkommen bist. Du kannst hundert Bücher lesen über die Freiheit, die Vergebung mit sich bringt, aber solange du denen, die dir Unrecht getan haben, nicht vergibst – oder Gottes Vergebungsangebot annimmst – kannst du dir nicht vorstellen, welch erstaunliche Auswirkungen Vergebung auf dein Leben hat. Im Rückblick auf dein Leben vor der Erfahrung der Freiheit durch Vergebung kannst du gar nicht fassen, dass du je ein so kümmerliches, eingeschränktes Leben geführt hast.

Eines muss man beim Thema Gefängnis jedoch wissen: Es wird immer Gefangene geben, die draußen nicht zurechtkommen. Berufsverbrecher richten es oft so ein, dass sie erwischt werden, damit sie wieder ins Gefängnis gehen können, wo ihr Leben für sie geregelt wird und ihre Grundbedürfnisse von anderen erfüllt werden. Freiheit kann erschreckend sein, denn sie verlangt von uns, dass wir Verantwortungsbewusstsein und Reife entwickeln sowie für unser Tun und Lassen geradestehen.

Im Gegensatz zur Unversöhnlichkeit ist Vergebungsbereitschaft die „offenste" Haltung des Menschen. Sie öffnet unser Herz für Gott und für andere. Sie stellt unseren Lebenspuls wieder her, und unser Herz schlägt wieder für andere. Sie entlässt uns aus einem düsteren, selbstgeschaffenen Gefängnis und führt uns hinaus ins Licht. Wenn wir endlich vergeben, erfahren wir endlich wahre Freiheit.

> Wenn du Groll gegen jemanden oder etwas hegst, dann bist du durch ein emotionales Band, das stärker ist als Stahl, an diesen Menschen oder diese Umstände gebunden. Vergebung ist das Einzige, wodurch du dieses Band lösen und frei werden kannst.
>
> CATHERINE PONDER

> Solange du nicht vergibst, hält, wer oder was es auch sei, mietfreien Raum in deinem Geist besetzt.
>
> ISABELLE HOLLAND

Besinnung

Erfinde eine eigene Metapher, die die engen Begrenzungen der Unversöhnlichkeit und die Freiheit der Vergebung veranschaulicht. Denke in den Begriffen *verschlossen* und *offen* – vielleicht an einen verschlossenen Raum, dessen Tür endlich geöffnet wird, so dass zum ersten Mal seit Jahren Licht und frische Luft hereinkommen können. Denke darüber nach, was dieses Bild über dich und deine früheren oder heutigen Erfahrungen mit Vergebung aussagt und welche Veränderungen du in deinem Leben vornehmen musst, um wahre Freiheit zu erleben.

> Zwei Werke der Barmherzigkeit machen den Menschen frei: Vergebt, so wird euch vergeben, und gebt, so werdet ihr empfangen.
>
> AUGUSTINUS

Übung

In ihrem zusammen mit David Hazard verfassten Buch *When You Can't Say „I Forgive You"* (Wenn du nicht sagen kannst „Ich vergebe dir") berichtet Grace Ketterman von einem Gespräch über die Heilung von Trauma-Narben in einem Psychiatrie-Seminar. Ein Student hatte sich mit einem Taschentuch die Tränen aus den Augen gewischt. Die Professorin wies ihn an, das Taschentuch ganz fest in der Hand zu halten – und nach einer langen Pause sagte sie, er solle es loslassen. Als der Mann sich bückte, um es aufzuheben, bemerkte ein anderer, damit lade er sich auch seine ganze Last wieder auf. Der Vorfall diente als passendes Bild für das Konzept des Abgebens – unsere Lasten endgültig loslassen und dabei Freiheit finden.

Abgeben kann man auch Unrecht. Schreibe deinen ganzen Groll gegen jemanden nieder, der dir Unrecht getan hat, und beschließe, diesem Menschen zu vergeben. Dann wirf das Blatt Papier feierlich weg oder verbrenne es.

18

Genau wie ich

So schockierend es wirken mag: Ich habe mich einmal zur Richterin über ein Blondchen mit perfekter Figur, perfekter Frisur, perfekten Zähnen und perfekt gebräunter Haut aufgespielt. Ich kannte sie nicht und wusste nichts über sie, außer dass sie Jesus-Freak war und ich nicht – und das reichte mir. Ich habe sie nur ein einziges Mal gesehen, nämlich an jenem Abend im Jahr 1972, als Gott endlich meine Abneigung durchbrach und mich mit seiner Liebe überschüttete.

Kurz zuvor hatte ich sie mir zum Ziel meiner ganzen Verachtung für alles Christliche ausgesucht. Ich hasste sie sogar wegen ihres Namens, den ich hier nicht nennen werde, aber der perfekt passte – in ihrem Nachnamen kam sogar das Wort „love" vor! Noch offensichtlicher ging's nimmer!

Ein wenig später, nachdem ich bereits angesichts der Liebe Gottes in mich zusammengesunken war, schnappte ich auf, wie die perfekte Miss Love zu einer Gruppe, die dicht um sie stand, ganz leise sagte, sie möge für sie beten. Bis noch vor einem Monat war sie eine Straßen-Prostituierte gewesen. Ein Onkel, zu dem sie Vertrauen gefasst hatte, hatte sie in ihrer Kindheit und bis in die Pubertät hinein missbraucht – und aus Rache war sie Prostituierte geworden. Vor vier Wochen hatte sie sich dann Gott zugewandt. Die Gruppe betete für sie um Kraft, damit sie nicht wieder in ihren alten Lebensstil verfiele.

Sofort stieg ich von meinem inneren Richterinnen-Stuhl.

Ein Priester, den ich predigen hörte, schlug einmal ein Experiment vor. Die Besucherinnen und Besucher des Gottesdienstes sollten alles, was sie belastet, nach vorne bringen und auf den Altar legen. Dann sollten wir uns alle Lasten ansehen und eine auswählen, die wir statt der unseren tragen wollten. Er war sich ziemlich sicher, dass wir am Ende wieder mit unserer eigenen Bürde nach Hause gingen; denn keiner würde die Lasten haben wollen, die andere Tag für Tag mit sich herumschleppen.

Wenn wir über andere urteilen, wenn wir davon ausgehen, dass sie ein perfektes Leben haben, und nicht sehen wollen, dass auch sie Schmerz und Leid erleben, dann bauen wir eine Staumauer vor den freien Fluss der Vergebung, der von uns zu denjenigen strömt, die uns verletzt haben. Wir missachten, dass der Schmerz, den sie uns zugefügt haben, möglicherweise und sogar sehr wahrscheinlich gar nichts mit uns zu tun hat, sondern damit, was sie selbst gerade durchmachen – oder vor Jahrzehnten durchgemacht haben.

Was bewirkt, dass wir vergessen, dass auch andere Menschen Schmerz erleiden? Wir sind nicht die einzigen, in deren Kopf negative Tonbänder laufen, die uns zum Beispiel ständig vorhalten, dass wir die geborenen Verlierer sind, aus denen nie etwas wird. Wir sind nicht die einzigen, die missbraucht oder misshandelt, verlassen oder gedemütigt wurden – oder was auch immer.

Wir sehen den Menschen an, der uns Unrecht getan hat – wir betrachten sein Leben, sein perfektes Leben – und wir können nicht glauben, dass es einen Grund geben sollte, der sein Verhalten uns gegenüber rechtfertigen könnte. Vielleicht gibt es den tatsächlich nicht. Vielleicht aber doch. Ganz gleich, wie gut du jemanden kennst, du kannst nie alles wissen, was in seinem Leben oder seinem Kopf vor sich geht. Ich will hier einmal ganz direkt sein: Selbst

> Woher weiß man, ob man vergeben hat? Du bist eher betrübt als zornig über die Umstände; der Betreffende tut dir eher leid, als dass du wütend auf ihn bist … Du verstehst das Leid, das überhaupt erst zu dem Unrecht geführt hat. … Am Ende heißt es vielleicht nicht „und sie lebten glücklich bis an ihr Ende", aber ganz bestimmt beginnt für dich vom heutigen Tage an ein neues „Es war einmal …".
>
> CLARISSA PINKOLA ESTES

wenn es dein Mann ist, mit dem du seit sechzig Jahren verheiratet bist, selbst wenn es deine liebste Schwester oder dein eigenes Kind ist, du weißt nicht alles. Wir wissen ja noch nicht einmal alles über *uns selbst*, um Himmels willen.

Zuzugeben, dass wir nicht alles wissen, bringt uns der Vergebung und der Versöhnung einen Schritt näher, weil es uns nämlich der Erkenntnis näherbringt, dass andere genauso sind wie wir. Du weißt nicht alles über mich. Mein Mann weiß nicht alles über mich; genauso wenig wie meine Schwester oder meine Brüder oder meine Töchter. Wenn ich einem von ihnen Unrecht getan habe, dann können sie nicht wissen, welche unzähligen komplexen Faktoren zu meiner gefühllosen Bemerkung geführt haben. In Wahrheit weiß ich ja noch nicht einmal selbst, was diese Faktoren waren. Ich möchte, dass sie Nachsicht mit mir haben. *Ich brauche* ihre Nachsicht. Ich bin nur ein Mensch.

Und das sind auch alle, die mir Unrecht getan haben. Ich muss nachsichtig mit ihnen sein. „Wenn wir die verborgene Geschichte unserer Feinde lesen könnten", schrieb Henry Wadsworth Longfellow einmal, „würden wir im Leben jedes Menschen genug Sorge und Leid finden, um alle Feindseligkeit zu entwaffnen."[*] Indem du dich bewusst dafür entscheidest, zu glauben, dass sogar der selbstgefällige und arrogante Kerl, der dir das Herz gebrochen hat, sein Päckchen an Sorgen und Leid zu tragen hat, machst du ihn menschlich – genau wie dich.

> Sei freundlich. Jeder, dem du begegnest, kämpft einen schweren Kampf.
>
> JOHN WATSON

Besinnung

Welche Bürde trägst du mit dir herum? Weiß derjenige, der dir Unrecht getan hat, von der Last auf deinen Schultern? Weißt du von seiner? Glaubst du, die Person, die dir Unrecht getan

---

[*]   Henry Wadsworth Longfellow, zitiert in Thomas A. Harris, *Ich bin o.k., du bist o.k.*, rororo 1975.

hat, würde anders mit dir umgehen, wenn sie wüsste, was in deinem Leben los ist? Sagt dir das etwas darüber, ob und wie du deine Einstellung ihr gegenüber verändern musst?

Übung

Stelle dir vor, du bist Gott. Manchen fällt das bestimmt ganz und gar nicht schwer. Besser noch, stelle dir vor, du wärst ein Gott, wie Kinder ihn sich vorstellen: Jemand „oben im Himmel", der auf dich herniederschaut. Versetze dich jetzt gut in diese Rolle, denn dieses Experiment hat es gleich in sich. Du bist Gott und weißt alles, was ein Mensch denkt und tut. Du bist Gott, und nun schaust du hernieder auf ... den Menschen, der dir in deinem richtigen Leben, in dem du keineswegs Gott bist, Unrecht getan hat. Was sagt er oder sie über die Situation, in die du verwickelt bist? Was ist in seinem oder ihrem Leben los, das nur Gott sieht? Stelle dir jetzt bitte nicht alle möglichen hinterhältigen Dinge vor, von denen du genau weißt, dass der oder die Betreffende sie nie tun würde; bleibe realistisch. Dann bitte Gott, dir unbegrenztes Mitgefühl für die Person zu schenken, jetzt, da du erkennst, dass sie genauso ist wie du – wie du, wenn du ganz und gar nicht Gott bist.

> Du musst dir treu bleiben, aber du musst dem Besten in dir treu bleiben, nicht jenem Teil, der sich insgeheim für besser hält als andere.
>
> STEPHEN GASKIN

19
Erwachsenwerden

Erinnerst du dich noch, wie das Leben mit fünfzehn war? Du konntest es kaum erwarten, bis du sechzehn warst und bis Mitternacht ausgehen, oder siebzehn, und endlich den Führerschein machen durftest. Und schon bald würdest du achtzehn und in den Augen des Staates ein erwachsener Mensch mit allen Rechten und Pflichten sein. Du könntest dir selbst Entschuldigungen für die Schule schreiben, bräuchtest für nichts mehr die Zustimmung deiner Eltern, könntest wählen und heiraten – obwohl Letzteres auf der Liste deiner Ziele wahrscheinlich nicht ganz oben stand. Dennoch war dein Blick nach vorne und auf diese Meilensteine gerichtet, und du wünschtest dir, du könntest viel, viel schneller erwachsen werden.

Sobald wir einen dieser Meilensteine erreicht haben, ist wieder eine Stufe auf dem Weg zur Volljährigkeit erklommen. Doch wenn wir den Zauber, den wir mit dem Erwachsensein verbinden, erst einmal erlebt haben – insbesondere nachdem die Schwelle zur Volljährigkeit längst überschritten ist – wird uns klar, dass Erwachsensein nichts mit dem Alter, sondern allein damit zu tun hat, wie wir leben.

Wachstum braucht Zeit, wie viel Zeit jedoch, das ist bei jedem Menschen anders. Dies gilt für alle Arten des Wachstums, gleich ob körperlich, emotional, mental oder spirituell. Unser spirituelles Wachstum ist ein Bereich, den wir weitgehend selbst in der Hand haben. Und eines der zuverlässigsten Anzeichen für unser spirituelles Erwachsensein ist unsere Bereitschaft und Fähigkeit – du hast es bestimmt schon erraten – zu vergeben.

Charles F. Stanley, der als geschiedener baptistischer Pfarrer ein wenig Ahnung vom Vergeben und Vergebung-Erfahren hat, bezeichnet Vergebung als den „Schlüssel zu jedem Aspekt spirituellen Wachstums".[*] Dagegen habe ich nichts einzuwenden. Wie wir auf die Schwierigkeiten und Herausforderungen im Leben reagieren, bestimmt den Grad unseres Wachstums, und diese Schwierigkeiten und Herausforderungen sind fast immer mit der Notwendigkeit verbunden, jemandem zu vergeben. Finanzen, Gesundheit und Beziehungen sind die zentralen Bereiche, in denen schwerwiegende Probleme unser Leben häufig auf den Kopf stellen. Sie treffen uns völlig

> Wir finden Trost bei denen, die uns zustimmen, und wir wachsen an denen, die dies nicht tun.
>
> FRANK A. CLARK

unvermittelt und lassen uns mit wahnsinniger Entschlossenheit nach dem Schuldigen suchen – was nur natürlich ist und wofür uns niemand einen Vorwurf machen sollte.

Doch je länger wir in der Schuldzuweisungs-Schiene verharren, desto schlimmer werden unsere Probleme. Ständig nur dem Schuldigen Vorhaltungen zu machen oder einen Schuldigen zu suchen, falls die Verantwortlichen für unser Problem nicht so leicht auszumachen sind, das bringt uns keinen Schritt weiter, was uns allerdings nicht davon abhält, diesen Blödsinn von Zeit zu Zeit dennoch zu machen. Schuldzuweisungen haben sogar etwas Gutes; denn wenn keiner schuld wäre, dann gäbe es auch keinen, dem man vergeben könnte. Wenn du aber ausschließlich andere beschuldigst – wenn du immer nur mit dem Finger auf den Schuldigen zeigst, ihn aber nie zur Rechenschaft ziehst – dann hast du die Chance vertan, selber spirituell zu wachsen, indem du von der Schuldzuweisung zur Vergebung findest. Man kann auch ohne viel nachzudenken darauf kommen, dass Schuldzuweisungen ein Zeichen von Unreife sind. Wenn du einen Beweis dafür brauchst, dann frage nur einmal zwei Kinder, wer von ihnen die Vase im Wohnzimmer zerbrochen hat.

---

[*]   Charles F. Stanley, *Im Glauben wachsen: Freiheit durch Vergebung*, Verlag C. M. Fliß 2004.

Vergebung hingegen bringt uns dahin, wo wir sein sollten, nämlich wieder auf den Weg zu spirituellem Wachstum. Man muss vielleicht ein wenig länger nachdenken, bis einem klar wird, dass Vergebung ein Zeichen von Reife ist, aber denke nur einmal an die Charakter-Eigenschaften, die mit der Vergebung einhergehen – Mut, Demut, Liebe, Weisheit, Vertrauen, Verantwortungsbewusstsein. Nicht unbedingt etwas, was man mit Kindern in Verbindung bringt.

Wenn du spirituell wachsen willst – wenn du an Gottes Herz rühren und deinen Geist mit Gottes Geist in Einklang bringen willst – dann musst du noch das kleinste Quäntchen Unversöhnlichkeit in dir loslassen. Das gehört zum spirituellen Erwachsensein. Im Einklang mit Gottes Geist zu sein, heißt, auf göttliche – erwachsene – Weise auf jene zu reagieren, die für die Schwierigkeiten in deinem Leben verantwortlich sind. Und das erfordert, ihnen zu vergeben, denn wo Gott ist, ist immer auch Vergebung.

Besinnung

Was bedeutet Erwachsensein für dich? Betrachtest du dich als reifen, erwachsenen Menschen? Meditiere über den Begriff der spirituellen Reife. Erwarte dabei, dass Gottes Geist dir jene Lebensbereiche zeigt, in denen du beträchtlich gewachsen bist, und ebenso jene, in denen du ein wenig Hilfe gebrauchen könntest. Bitte um die Gabe, die schwierigen Situationen anzunehmen, die dir letzten Endes helfen, zu wachsen und zu reifen.

Übung

Betrachte dein Leben einmal unter dem Aspekt des spirituellen Wachstums. Viele Menschen wollen spirituell erwachsen sein, tun aber herzlich wenig für ihr spirituelles Wachstum. Wissen und Erfahrung sind zwei zentrale Elemente spirituellen Wachstums. Indem wir durch Bücher, Predigten und Ähnliches etwas über Gott und unseren Glauben lernen, wachsen wir an Wissen; indem wir voller Gottvertrauen nach draußen gehen, etwas riskieren und anderen dienen, wachsen wir an Erfahrung.

Das Problem ist aber, dass manche sich von einer Art des Wachstums stark angezogen fühlen und die andere vernachlässigen. Wenn du spirituell gebildet bist, es dir aber an Alltagserfahrung fehlt, dann tue etwas, das außerhalb deines vertrauten Rahmens liegt und deinen spirituellen Horizont erweitert. Wenn du alle Erfahrung der Welt hast, es dir aber an formellem Wissen fehlt, dann erweitere dein Wissen, indem du dich zu einem Glaubenskurs anmeldest oder ein Buch liest, in dem es um den Glauben geht.

Du wächst in schwierigen Zeiten immer. Dein Leben verändert sich und ist vielleicht nie wieder so wie früher, aber du lernst mehr über dich als zu jedem anderen Zeitpunkt in deinem Leben.

Picabo Street

Wut macht dich kleiner, während Vergebung dich zwingt, über das hinauszuwachsen, was du warst.

Cherie Carter-Scott

20

Dauerhafter Frieden

Thomas Takashi Tanemori war so ungefähr der letzte Mensch auf Erden, von dem man erwartet hätte, dass er denen vergeben würde, die er am meisten hasste – den Amerikanern.

Vierzig Jahre lang hegte Tanemori Verbitterung und Wut auf Amerika, und das mit gutem Grund. Tanemori war noch ein kleines Kind und lebte im japanischen Hiroshima, als die Vereinigten Staaten 1945 eine Atombombe über der Stadt abwarfen und damit auch seine Eltern, seine beiden Schwestern, seine Großeltern und nahezu alle seine Freunde umbrachten. Die bei der Explosion freigesetzte Strahlung raubte ihm schließlich das Augenlicht. Seither hat er den Kampf gegen seinen Magenkrebs gewonnen sowie mehrere Herzinfarkte und einen Suizidversuch überlebt.

Dennoch lebt Tanemori heute in dem Land, das er hasste, und er hat den Menschen vergeben, denen er die Schuld an seinem überwältigenden Verlust gab. Seit 1985, als er Amerika und seinen Bürgerinnen und Bürgern endlich vergeben konnte, hat er dauerhaften Frieden gefunden. Zum Teil führt er das auf die Worte seines Vaters zurück: „Respektiere alle Lebewesen."

Tanemori ist heute baptistischer Pfarrer und Gründer des *Silkworm Peace Institute* in Kalifornien, einer etwas anderen Friedens-Organisation. Statt für Frieden als Abwesenheit von Krieg tritt Tanemori für den Frieden ein, der sich einstellt, wenn das Herz von Gott verwandelt wird. Er betrachtet Liebe und Vergebung als die beste Alternative zur Rache.

Nur wenige können die Tragweite von Tanemoris Verlust

fassen, aber das Verlangen nach Rache, das von ihm Besitz ergriff, können wir wahrscheinlich nachvollziehen. Vier lange Jahrzehnte lebte er in innerem Aufruhr und wollte seine Feinde dafür leiden sehen, was sie ihm weggenommen hatten. Allzu viele Menschen leben in einem ähnlichen, doch wesentlich weniger gerechtfertigten inneren Aufruhr.

Unsere Unversöhnlichkeit anderen gegenüber beraubt uns des inneren Friedens, den Gott uns für dieses Leben zugesagt hat. Wir schleppen die niederdrückenden Lasten alten Unrechts mit uns herum, und sie werden immer noch schwerer, weil wir zusehends mehr Unrecht aufhäufen.

> Vergeben ist die höchste und schönste Form der Liebe. Du wirst dafür ungeahnten Frieden und Glück erfahren.
>
> ROBERT MULLER
>
> Wir würden viel Frieden haben, würden wir uns nicht ständig mit den Worten und Werken anderer befassen.
>
> THOMAS VON KEMPEN

Was ist bloß mit uns los?

Ich will einmal versuchen, darauf zu antworten: Vermutlich glauben wir gar nicht daran, dass innerer Friede tatsächlich erreichbar ist, und schon gar nicht dadurch, dass man seinen Feinden etwas Gutes tut und ihnen zum Beispiel vergibt. Und dann kommt ein Überlebender aus Hiroshima daher und sagt: Doch, er ist erreichbar, und ja, man findet inneren Frieden durch Vergebung. So jemandem sollte man zuhören, meinst du nicht?

Es gibt jedoch Menschen, die werden weder ihm noch dir oder mir zuhören, weil sie den inneren Aufruhr so sehr haben anschwellen lassen, dass sie gar nicht mehr zuhören *können*. Ich bin mir sicher, du kennst auch so jemanden. Es sind die „Ja-aber-Menschen" in unserem Umfeld, diejenigen, die einfach keinen Ausweg mehr aus dem Dickicht ihrer Probleme finden, obwohl die Lösung vielleicht unmittelbar dahinter liegt. Allein der Versuch, einem solchen Menschen ein Freund zu sein, laugt einen geistig und emotional aus; versuche deshalb bestenfalls, der Frieden zu *sein*, der ihnen immer wieder entgleitet.

Aber zurück zu uns. Vielleicht sind wir in Sachen innerer

Frieden einfach skeptisch. Wir sind bereit zuzuhören, aber es überzeugt uns nicht so recht. Es gibt nur eine Möglichkeit, uns zu überzeugen: Wir müssen unsere Last tatsächlich ablegen und endgültig loswerden, indem wir endlich, endlich den vertrauensvollen Sprung ins kalte Wasser wagen und denjenigen vergeben, die uns Unrecht getan haben.

> Gottes Frieden ist ruhende Freude. Seine Freude ist tanzender Friede.
> F. F. BRUCE

Der Frieden, der sich durch Vergebung einstellt, ist ein dauerhafter Frieden. Und er kann Jahre – selbst Jahrzehnte – inneren Aufruhrs in einem einzigen Augenblick der Gnade fortwischen.

Besinnung

Denke einmal über dein Leben unter dem Aspekt des Friedens nach – echten inneren Friedens. Kannst du sagen, dass du im Frieden und im Reinen bist – mit Gott, mit anderen, mit dir selbst? Wenn nicht, was kannst du dafür tun? Wie kannst du den Geräuschpegel verringern, damit du hören kannst, was Gott vorhat, um den Frieden in deinem Leben wiederherzustellen?

Übung

Sprich zu deiner individuellen Gebetszeit folgendes, Sören Kierkegaard zugeschriebenes Gebet:

> Zu Dir, oh Gott, wenden wir uns um Frieden; doch gewähre uns auch deine Verheißung, dass nichts deinen Frieden von uns nehmen kann, weder wir selber noch unsere törichten irdischen Wünsche, noch mein wildes Verlangen noch die bangen Begierden meines Herzens.

Die amerikanische Sektion der internationalen katholischen Friedensbewegung Pax Christi bietet folgendes Gebet um Frieden und Versöhnung zum liturgischen Gebrauch an:

Wir bekennen, dass wir im Leben nicht immer den Weg des Friedens wählen. Wir verbreiten Gerüchte, die die Flamme des Hasses anfachen. Wenn der Kaiser es fordert, sind wir zu jedem Opfer bereit – wenn Gott uns einlädt, hingegen kaum. Wir beten die falschen Götter der Sicherheit und des Nationalismus an. Wir reichen die eine Hand in Freundschaft, aber in der anderen halten wir eine Waffe hinter unserem Rücken. Wir haben unser Volk geteilt in solche, denen wir trauen, und andere, denen wir nicht trauen. Riesige Probleme stellen uns in der Welt vor Herausforderungen – doch unsere Gier, unsere Angst und unser Egoismus verhindern, dass wir uns vereinen, um sie gemeinsam zu lösen.

Herr, wir bitten um deine Hilfe, um deine Vergebung und um deine versöhnende Kraft in unserem Leben.

Es gibt keinen Frieden ohne Vergebung. Angriffsgedanken gegen andere sind Angriffsgedanken gegen uns selbst.

MARIANNE WILLIAMSON

Denen zu vergeben, die uns verletzen, ist der Schlüssel zum eigenen Frieden.

G. WEATHERLY

Innerer Frieden ist nur zu erreichen, wenn wir Vergebung üben. Vergeben ist das Loslassen der Vergangenheit und daher ein Instrument zur Korrektur unserer falschen Wahrnehmungen.

GERALD JAMPOLSKY

21

Unbedeutendes übersehen

Da hier ständig von Vergebung die Rede ist, könntest du leicht den Eindruck gewinnen, dass ich glaube, wir müssten alles und jedes, was uns im Leben angetan wird, vergeben. Ebenso könntest du auf die Idee kommen, dass wir auch für alles und jedes, was wir tun, um Vergebung bitten müssen. Das genaue Gegenteil ist richtig: Vergebung ist für mich etwas so Wertvolles, dass sie meiner Meinung nach nur in Situationen erbeten und gewährt werden sollte, die ihr an Bedeutung gleichkommen.

Das heißt, wenn du das Gefühl hast, dass du deine Freundin um Vergebung dafür bitten musst, dass du das letzte Stückchen Edelschokolade verputzt hast, dann werde ich dich nicht daran hindern. (Aber nur, wenn du mir etwas davon abgibst.) Und es liegt mir fern, dir zu sagen, dass du deinem Mann nicht dafür vergeben solltest, dass er die Fernbedienung mit Beschlag belegt; schließlich haben sich Paare bestimmt schon aus geringeren Gründen getrennt. Worauf ich hinaus will, ist, dass wir Vergebung, wie alles andere auch, so weit treiben können, dass sie zu einer Bürde, zu einer inhaltsleeren Geste oder gar zu einer rechtlichen Verpflichtung verkommt.

Im Folgenden will ich berichten, wie sie in einer Kirche, die ich regelmäßig besucht habe, zu einer rechtlichen Verpflichtung wurde. Die Leiterin der Frauengruppe war mir immer als lebenskluge, liebevolle und bodenständige Frau aufgefallen. Eines Abends meinte sie jedoch, wenn man auch nur mit einer einzigen nicht gebeichteten und daher nicht vergebenen Sünde sterbe, komme man geradewegs in die Hölle. Aber hallo! Ich weiß nicht, was ihr da durch den Kopf ging. Ich war so bestürzt darüber, was sie gesagt hatte, dass ich ein paar Sekunden länger brauchte, um ihre Worte zu verarbeiten, als gut gewesen wäre. Sofort meldete sich – bestimmt aus Angst – ein jüngeres und neueres Gruppenmitglied zu Wort und fragte, ob das hieße, dass sie in die Hölle käme, wenn sie einen sündigen Gedanken hätte, aber sterben würde, bevor sie Gott um Vergebung bitten könnte. Die Leitern bestätigte: Ja, dann käme sie in die Hölle.

Ich muss sagen, ich glaube wirklich, dass die Leiterin nur deshalb so reagiert hat, weil sie sich in die Ecke getrieben fühlte. In Gedanken habe ich alles Mögliche versucht, um sie aus diesem Schlamassel herauszuholen und sie weiterhin als einen klugen und liebevollen Menschen zu respektieren. Aber ich kann es einfach nicht. Ich wusste damals nicht, was ich von ihrer unsinnigen Bemerkung halten sollte – und ich weiß es bis heute nicht. Nur so viel: Immer wenn wir ein spirituelles Prinzip in Stein meißeln, laufen wir Gefahr, eine Verpflichtung daraus zu machen, die uns unsere Lebendigkeit raubt, statt es als das zu begreifen, was es in Wirklichkeit ist: Eine Richtschnur, die unseren Geist befreit.

> Die Kunst, weise zu sein, ist die Kunst, zu wissen, was man übersehen muss.
>
> William James

Möchte Gott, dass wir um Vergebung bitten, wenn wir etwas vermasseln? Natürlich. Andererseits, wenn Gott von uns erwarten würde, dass wir für jede kleine Verfehlung um Vergebung bitten, dann hätten wir keine Zeit mehr zum Essen, Trinken oder zum Leben. (Frage mich bitte nicht zum Thema Hölle in dieser kleinen Unterweisung der Leiterin. Der Tag hat nicht genug Stunden … .) Gott erwartet, dass wir von unserem angeborenen gesunden Menschenverstand Gebrauch machen und nicht unser ganzes Leben lang in einem endlosen Prozess peinlicher Selbstbefragung verbringen.

> Erblicke alles, übersieh vieles und korrigiere weniges.
>
> Papst Johannes XXIII.

Vielleicht sind wir bereits Meister in der hohen Kunst, unsere eigenen Schwächen zu übersehen. Aber was ist mit denen anderer? Was ist mit denen der Verfasserin dieses Buches, die dich gezwungen hat, dein letztes Stückchen Edelschokolade mit ihr zu teilen? Und was ist mit dem Kollegenschwein bei der Arbeit, der immer den letzten Schluck Kaffee wegtrinkt, aber nie frischen macht? Oder mit dem Briefträger, der ständig die falsche Post in deinen Briefkasten wirft, was dich zum Rotieren bringt, weil du immerzu daran denken musst, wer wohl deine Post bekommt und was diese Leute dann mit dem Brief von der Lottogesellschaft machen, in dem steht, dass du tatsächlich den Jackpot geknackt hast, weshalb du die ganze Nacht nicht schlafen konntest, weil du dich verzweifelt gefragt hast, woher die Lottogesellschaft denn wissen soll, dass du die einzig rechtmäßige Lottogewinnerin bist und weshalb du jetzt schon den ganzen Tag am Fenster sitzen und händeringend auf den Postboten warten musst, damit du ihn abfangen kannst?

Bei manchen Dingen geht es uns wirklich besser, wenn wir sie übersehen.

Lerne, das Unbedeutende zu übersehen – die kleinen Ärgernisse und Lästigkeiten, die nun einmal zum Alltag dazugehören. Wir werden sie nie loswerden, deshalb können wir uns ebenso gut an sie gewöhnen und unser Möglichstes tun, um die ärgerliche Situation zu ändern – der Verfasserin sagen, sie soll uns gefälligst in Ruhe lassen; das Kollegenschwein bitten, eine Kanne Kaffee zu kochen und zum x-ten Mal mit dem Postboten sprechen – und das alles ansonsten als die Kleinigkeit abtun, die es tatsächich ist. Hebe dir das Geschenk der Vergebung für echtes Unrecht auf. Es wird mit ziemlicher Sicherheit eintreffen.

Besinnung

Bläst du die Dinge auf – lässt du zu, dass Kleinigkeiten eine viel größere Bedeutung erlangen, als ihnen eigentlich zukommt? Das geht vielen Menschen so, und sie merken es nicht einmal. Es kann sogar geschehen, dass du dich eben noch ausgeschüttet hast vor Lachen, weil jemand aus einer Mücke einen Elefanten macht, und im nächsten Moment selber so einen Elefanten produzierst, wobei dir die Ironie des Ganzen völlig entgeht. Suche in deinem Leben einmal nach Hinweisen auf Kleinigkeiten, die unnötig zu einer großen Sache aufgeblasen wurden.

Übung

Nimm dir einen Tag lang vor, banale Ärgernisse und Probleme zu übersehen. Beurteile am Abend, wie du dich gehalten hast, und schmunzele darüber, wie oft du versucht warst, etwas wichtiger, zu nehmen, als es tatsächlich war. Mache das gleiche am nächsten Tag noch einmal. Ist es dir schon besser gelungen?

Was immer hinter einer Beleidigung gesteckt haben mag, es ist besser, sie zu übersehen; denn eine Dummheit hat keinen Groll verdient, und Bosheit straft man durch Nichtbeachtung.

SAMUEL JACKSON

Depression wird genährt durch Verletzungen, die man ein Leben lang nicht betrauert und nicht vergeben hat.

PENELOPE SWEET

22

Vergebung ist nicht Versöhnung

Eines der größten Hemmnisse, anderen zu vergeben, ist die irrige Auffassung, Vergebung sei gleichbedeutend mit Versöhnung. Vergebung zu gewähren, steht in unserer eigenen Macht; doch niemand hat die Macht, einen anderen, der nicht dazu bereit ist, zur Versöhnung zu zwingen. Und manchmal ist derjenige, der keine Versöhnung will, genau der, den wir jeden Morgen im Spiegel sehen. Manche Menschen gewähren bereitwillig Vergebung, sind aber nicht bereit, die Beziehung zu demjenigen, der ihnen Unrecht getan hat, wieder aufzunehmen, und das mit gutem Grund.

Die Evangelistin und Bestseller-Autorin Joyce Meyer hat ausführlich über den sexuellen, emotionalen, körperlichen und verbalen Missbrauch geschrieben und gesprochen, den ihr Vater an ihr verübt hat, bis sie mit achtzehn Jahren von zu Hause auszog. Ihre Lage war wirklich grauenhaft, und wie es ihr angesichts des Vaterbildes, das sie ein Leben lang in sich trug, je gelingen konnte, Gott als den liebenden Vater zu sehen, als den sie ihn begreift, kommt einem Wunder gleich.

Meyer widmet sich außerdem in Büchern und Vorträgen eingehend dem Thema Vergebung – und wenn sie darüber spricht, hängt das Publikum an ihren Lippen. Sie erzählt, wie sie einen Großteil ihres Lebens insgeheim unglücklich war, obwohl sie ihrer Meinung nach eine gute Beziehung zu Gott hatte, in ihrer Gemeinde aktiv war und ein wunderbares Familienleben genoss. Ihr war nicht bewusst, dass die Verbitterung, die sie ihrem Vater und anderen gegenüber empfand, die sie vor Jahrzehnten missbraucht hatten, die Ursache ihrer Verzweiflung war. Sie hatte sich nie mit dem erlittenen Missbrauch auseinandergesetzt, und seine Nachwirkungen zehrten an ihr.

Doch auch als sie erkannte, was mit ihr los war, bedurfte es noch vieler Gebete, geraumer Zeit und reichlich Gnade, bis Meyer die Verbitterung und Wut loslassen konnte, die ihr Leben vergifteten. Dies gab ihr die Freiheit, ihrem Vater am Ende zu vergeben. Schließlich versuchte sie sogar, sich mit ihm zu versöhnen. Auf seine Reaktion war sie allerdings schlecht vorbereitet. Ihr Vater stritt ab, je etwas Falsches getan zu haben. Schlimmer noch, er gab Meyer die Schuld an den Problemen, die zwischen ihnen standen.

Es war einfach unmöglich, wieder eine Beziehung zu ihm aufzubauen. Bis er sich zu dem Schaden bekannte, den er angerichtet hatte – und bis er aufhörte, ihr Vorwürfe zu machen – war eine Versöhnung mit Meyers Vater kaum möglich.

Millionen Frauen – und Männer – haben, wie Meyer, durch die Menschen, denen sie eigentlich hätten vertrauen können müssen, unterschiedliche Formen des Missbrauchs erlebt. Jemandem zu vergeben, der einen missbraucht oder misshandelt hat, ist schon schwierig genug; ob du aber wieder eine Beziehung zu ihm oder ihr aufbaust – das solltest du dir lange und gründlich überlegen. Manchmal ist Versöhnung lediglich unklug; in anderen Fällen ist sie ausgesprochen gefährlich.

> Versöhnung ist nicht dasselbe wie Vergebung; und jemanden, der dich verletzt hat, wieder an dich heranzulassen, ist nicht dasselbe wie den Schmerz wirklich loszulassen.
>
> SIDNEY B. SIMON

Jeder, der dir weismachen will, Vergebung erfordere, dass die Betroffenen wieder zusammenfinden, hat weder begriffen, was Vergebung ist, noch dein Bestes im Sinn. Das gilt auch für führende Religionsvertreter. Insbesondere viele christliche Frauen fühlen sich stark unter Druck, zu dem Mann zurückzukehren, der sie misshandelt hat, wenn ihre Kirche vehement gegen Scheidung auftritt. Wenn eine Frau ihrem Mann vergeben hat – so lautet die Denkweise der entsprechenden Kirchenführer – dann sollte sie auch bereit sein, sich mit ihm zu versöhnen – selbst wenn die Misshandlungen weitergehen. So habe ich es tatsächlich in einer Predigt gehört; doch zum Glück ist das schon sehr lange her.

Es gibt allerdings noch einen Grund, warum Christinnen glauben, dass sie sich um Versöhnung mit denen bemühen sollten, die ihnen Unrecht getan haben – die Lehren des Neuen Testaments. Wir sind aufgefordert, in Harmonie zu leben und uns miteinander zu versöhnen. Natürlich möchte Gott, dass wir mit anderen in Frieden leben, aber offen gesagt, ich bin mir nicht so sicher, dass er meint, wir müssten mit diesen „anderen" eine Beziehung eingehen. Mit jemandem, der einen missbraucht oder misshandelt hat, zusammenzuleben, ist wohl kaum dasselbe, wie seinen Frieden mit ihm zu machen.

Meyer hat sich schließlich doch mit ihrem Vater versöhnt, aber erst nachdem er das Leid, das er ihr auf so vielfältige Weise und über so viele Jahre hinweg angetan hatte, aufrichtig bereute. Ohne dies und bis er bewiesen hatte, dass man sich darauf verlassen konnte, dass er ihr nicht mehr wehtun würde, war Versöhnung unmöglich. Leere Versprechungen zählen nicht; nur ein verwandeltes Leben, eines, das sich im Laufe der Zeit als vertrauenswürdig erwiesen hat, macht ein erneutes Zusammenleben möglich.

> Viele Menschen … glauben, dass sie, um zu vergeben, wieder eine aktive Beziehung zu der Person eingehen müssten, die sie verletzt hat. Aber das stimmt nicht. Diese falsche Vorstellung bereitet vielen Menschen, die vergeben wollen, ernste Probleme.
>
> JOYCE MEYER

Besinnung

Stelle dir die Beziehung vor, die du mit jemandem haben möchtest, dem du vergeben, mit dem du dich aber noch nicht versöhnt hast. Sei realistisch. Berücksichtige dabei, wie eure Beziehung früher war, welcher Art das Unrecht war, das er oder sie dir angetan hat und wie viel Vertrauen du zu der Person heute hast – nicht wie viel Vertrauen du in Zukunft gerne zu ihr hättest. Wenn die Person früher deine beste Freundin und engste Vertraute war, dann musst du deine Erwartungen wahrscheinlich beträchtlich herunterschrauben und dich statt des gewohnten täglichen Herzausschüttens mit einem gelegentlichen Treffen zum Mittagessen zufriedengeben. Wenn der Betreffende dich jedoch schwer missbraucht oder misshandelt hat, dann käme in der freundlichsten Beschreibung deiner Wunsch-Beziehung sehr wahrscheinlich die Wendung „nicht vorhanden" vor. Sei einfach ehrlich zu dir selber, dann gewinnst du eine klare Vorstellung von dem, worauf du hinarbeiten musst, um wieder eine Beziehung herzustellen.

Übung

Sprich folgendes Gebet um Versöhnung:

> Herr, ich habe demjenigen vergeben, der mich misshandelt hat. Wenn dies zur Versöhnung führen soll, dann vertraue ich dir, dass du mir die Größe schenkst, alles Notwendige zu tun, um die Beziehung wiederherzustellen. Wenn Versöhnung aber kein kluger Weg wäre, dann hilf mir, mit dieser Entscheidung meinen Frieden zu finden. Und wenn in mir noch Bitterkeit gegen den Misshandelnden schwelt und die Versöhnung verhindert, die Du willst, dann bitte ich dich: Erweiche mein Herz und mache mich bereit, meinem Misshandler aufrichtig und vollständig zu vergeben. Schenke mir die Weisheit, mich zu schützen und mit anderen im Frieden zu leben. Amen.

Wir können vergeben, auch wenn wir dem Menschen, der uns einst Unrecht getan hat, nicht vertrauen, dass er uns nie wieder Unrecht tun wird. Wieder zusammenfinden können wir uns aber nur dann, wenn wir dem Menschen, der uns einst Unrecht getan hat, vertrauen, dass er uns nie wieder Unrecht tun wird.

Lewis B. Smedes

Wir müssen unser Heim zu einem Zentrum des Mitgefühls machen und unablässig vergeben.

Mutter Teresa

23

Entscheidung zur Versöhnung

Jetzt, da du den Unterschied zwischen Vergebung und Versöhnung verstanden hast, kann es an der Zeit sein, dich zu entscheiden, ob du mit demjenigen, der dir Unrecht getan hat, versöhnt werden möchtest. Im Gegensatz zur Vergebung, die in einem einzigen Moment erfolgen kann, kann Versöhnung ein längerer Prozess sein, der mit der Entscheidung zur Versöhnung beginnt und so lange andauert, bis das Vertrauen wiederhergestellt ist.

Als Erstes müssen wir uns klar machen, dass die Entscheidung zur Versöhnung einzig und allein bei uns liegt. Niemand kann dich dazu bringen, dich mit demjenigen zu versöhnen, der dir Unrecht getan hat, und keiner kann dich zur Versöhnung mit jemandem zwingen, der eine erneuerte Beziehung mit dir eingehen möchte. Lasse dir keine Schuldgefühle einreden, weil du dir mit der Versöhnung Zeit lässt; Versöhnung ist keine Vorbedingung für Vergebung. Wenn du jemandem vergeben hast, dann kannst du es dabei bewenden lassen, wenn du möchtest.

Als Zweites musst du wissen, dass die Tatsache, dass du eine Versöhnung in Betracht gezogen hast, nicht bedeutet, dass du sie auch „durchziehen" musst. Was jetzt klug erscheint, kann sich später, nach intensiver Gewissensprüfung, vielen Gebeten und Gesprächen mit Menschen, deren Urteil du schätzt, als unklug herausstellen.

Drittens: Denke immer daran, dass das Ergebnis nicht in deiner Hand liegt. Wer dir Unrecht getan hat, hat vielleicht nicht das geringste Interesse daran, wieder eine Beziehung zu dir aufzunehmen, und das ist in Ordnung so. Du bist auf ihn oder sie zugegangen, du hast dein Bestes getan; was jetzt kommt, liegt nicht mehr in deiner Hand. Womöglich stellt sich ja heraus, dass ein gescheiterter Versöhnungsversuch das Beste ist, was dir je passieren konnte.

Nehmen wir einmal an, du hast die Phase der Gewissensprüfung, der Gebete und des Rat-Einholens hinter dir und bist zu dem Schluss gekommen, dass du tatsächlich die Beziehung zu einer Freundin, die dich hintergangen hat, wieder aufnehmen möchtest. Sie hat Reue gezeigt, dich um Vergebung gebeten und sie auch erhalten. Dennoch fühlst du immer noch eine Distanz zwischen euch. Was tun?

Wichtig ist, dass du dir sorgfältig überlegst, wie du auf deine Freundin zugehst – solltest du besser anrufen, eine E-Mail schreiben oder sie besuchen? Mir fällt dazu wieder ein, was Bill Gothard in seinen Konfliktseminaren für Jugendliche gesagt hat, die in den 1970er und 1980er Jahren in den Kirchen großen Zulauf fanden. Er riet davon ab, schriftlich um Vergebung und Versöhnung zu bitten. „Ihr möchtet das Unrecht doch auslöschen, nicht dokumentieren", sagte er.[*]

Wenn du dich entschlossen hast, deine Freundin darauf anzusprechen, solltest du diese Entscheidung klugerweise noch ein wenig ruhen lassen. Deine Vergebung kann sofort erfolgen, aber zur Versöhnung solltest du dich nicht drängen lassen. Du möchtest es ja richtig machen und sowohl deinem Bedürfnis nach emotionalem Schutz als auch deinem Respekt für

> Gott wirkt im tragischen Schicksal menschlichen Bemühens mit heilender Kraft und versöhnendem Geist. Selbst diejenigen, die sich allen „überholten" religiösen Einstellungen restlos überlegen fühlten, müssen heute zumindest wehmütig nach der Möglichkeit schielen, dass ein solcher Gott lebt und handelt.
>
> D. D. WILLIAMS

---

[*] Persönliche Aufzeichnungen, die ich in einem von Paul Gothards Konfliktseminaren für Jugendliche gemacht habe, die in den 1970er Jahren im ganzen Land einmal jährlich in Kirchen und an anderen Veranstaltungsorten abgehalten wurden.

die Bedürfnisse deiner Freundin gerecht werden. Wenn sie dir anscheinend aus dem Weg geht, dann kann das daran liegen, dass sie sich für ihr Verhalten immer noch schämt, obwohl du ihr bereits vergeben hast. Es könnte aber auch sein, dass ihr durch den Vorfall klar geworden ist, dass ihr beiden wohl besser einander herzlich zugetane Bekannte statt beste Freundinnen bleibt. Du musst ihr einen Ausweg offenlassen, der ihr erlaubt, dein Versöhnungsangebot abzulehnen und dennoch das Gesicht zu wahren. Das mag dir unfair erscheinen, aber wenn dir die Beziehung so wichtig ist, dass du dich versöhnen möchtest, dann musst du auch zu schwierigen Schritten bereit sein. Versöhnungsversuche sind immer sowohl ein Risiko als auch eine Herausforderung.

Auch wenn derjenige, der dir Unrecht getan hat, sich mit dir versöhnen möchte, musst du auf jeden Fall mit Bedacht vorgehen. Vertrauen wiederherzustellen, erfordert sehr viel Zeit und ein merklich verändertes Verhalten seitens desjenigen, der das Unrecht begangen hat. Wenn er oder sie deinen Versöhnungsversuch zunächst ablehnt, du dir aber immer noch Hoffnung auf eine künftige Beziehung machst, dann musst du mit äußerster Vorsicht vorgehen. Vielleicht hast du recht; vielleicht gehört ihr beiden wirklich zusammen, und derjenige, der dir Unrecht getan hat, benötigt bloß noch etwas Zeit, um alles zu verarbeiten und zu erkennen, dass ihr beiden wieder zusammenkommen solltet. Vielleicht hast du aber Unrecht, und deine Hoffnung auf eine künftige Beziehung ist lediglich Wunschdenken. Du musst alle deine Sinne gut beieinander haben und hellwach sein, um eure Zukunft klar einschätzen zu können.

> Aufrichtige Vergebung wird nicht durch Erwartungen getrübt, dass der andere sich entschuldigt oder ändert. Mache dir keine Gedanken darüber, ob er dich letztendlich versteht oder nicht. Liebe ihn und gib ihn frei. Das Leben bestimmt selbst, wann und wie es den Menschen die Wahrheit zeigt.
>
> SARA PADDISON

> Bleib immer denen gut, die dich kennen; bleib allen in Treue zugewandt, die dir mit redlichem Herzen folgen!
>
> PSALM 36, 10
> (GUTE NACHRICHT BIBEL)

Wie Verzeihen wirklich gelingt

Halte dir vor allem stets Folgendes vor Augen: Wenn in eurer früheren Beziehung Missbrauch eine Rolle gespielt hat, musst du mit äußerster Vorsicht vorgehen, unbedingt therapeutischen Rat einholen und wahrscheinlich auch einen Mediator bzw. eine Mediatorin hinzuziehen. Habe ich dich überzeugt, dass man diese Entscheidung nicht leichtfertig treffen sollte? Ich hoffe sehr. Denke daran: Ein gescheiterter Vergebungsversuch ist weitaus besser als eine gescheiterte Versöhnung. Ersterer schenkt dir die tröstliche Gewissheit, dass du getan hast, was du für richtig hältst, auch wenn es nicht funktioniert hat; du kannst mit gutem Gewissen nach vorne schauen. Letztere reißt alte Wunden wieder auf und vergrößert noch den ursprünglichen Schmerz, den du durchgemacht hast. Nach einer gescheiterten Versöhnung nach vorne zu schauen, ist besonders schwierig. Bringe die Dinge langsam und vorsichtig in Gang. Bringe sie vor deine Ratgeber und bringe sie vor Gott. Du wirst alle Unterstützung brauchen, die du nur bekommen kannst.

Besinnung

Denke darüber nach, was du durch die Versöhnung mit jemanden gewinnen kannst. Denke auch darüber nach, was du zu verlieren hast. Wäge die Ergebnisse beider Vorgehensweisen – Versöhnung oder keine Versöhnung – gegeneinander ab. Kannst du, realistisch betrachtet, unbeschwert nach vorne schauen, wenn du dich gegen eine Versöhnung entscheidest?

Übung

Sobald du dich zur Versöhnung entschlossen hast, ist es Zeit, das Ganze zu proben. Male dir im Geist die ideale Versöhnungsszene aus. Stelle dir das Gespräch vor, das du mit deiner Freundin gerne führen würdest – was du sagst und was sie darauf erwidert. Du bist zugleich Drehbuchautorin, Regisseurin

und eine der Schauspielerinnen und hast diese Übung daher weitgehend unter Kontrolle.
Probiere verschiedene Szenarien aus: Unterschiedliche Arten, deine Freundin anzusprechen, und unterschiedliche Reaktionen von
ihr. Bereite dich auf mehrere mögliche Ergebnisse vor. Wenn es dann tatsächlich so weit ist
und die Versöhnungsszene im richtigen Leben
ansteht, kannst du auf diese Weise besser damit umgehen, was dabei herauskommt – egal,
was es ist.

24
Grenzen setzen

Mark und Cathy (in Wirklichkeit heißen sie anders) sind ehemalige Bekannte von mir aus einer Kirche in New Jersey. Als ich sie kennenlernte, war ich gerade frisch geschieden und sah an jeder Ecke ein glückliches Pärchen. Einige Leserinnen und Leser wissen bestimmt, was ich meine. Wenn man einsam ist und sich elend fühlt, dann ist alle Welt glücklich verliebt – schwindelerregend, himmelhochjauchzend, ekstatisch verliebt. Man selber hingegen ist allem Anschein nach der einzige Mensch auf Erden, der keinen Partner hat.

Cathy und ich hätten wahrscheinlich Freundinnen werden können, wenn sie nicht glücklich verheiratet gewesen wäre, mit allem Drum und Dran. Es fiel mir schwer mitanzusehen, wie ihr Mann sie mit Zuneigung überschüttete; daher wahrte ich eine gewisse Distanz. Er war nicht rührselig oder so; er war einfach nur offenkundig und aufrichtig in sie verliebt, sogar nach neun Jahren und drei Kindern. Nach einem gemeinsamen Abend in einer Pizzeria fuhr ich mit Cathys bester Freundin Lynn nach Hause. „Mark ist einer von den Guten", sagte ich. „Das sehe ich."

Genau.

Als ich etwa ein Jahr später erfuhr, dass Mark Cathy quasi seit den Flitterwochen immer wieder betrogen hatte, erinnerte ich mich an Lynns Schweigen nach meiner scharfsinnigen Bemerkung. Und als Mark und Cathy sich trennten und später scheiden ließen, schloss ich mich sofort dem Chor der Stimmen an, die in jedem Gespräch mit Cathy Marks widerwärtiges Verhalten verurteilten. Wir waren auf ihrer Seite und machten ihr Mut zu einem besseren Leben ohne Mark.

Was wir allerdings nicht wussten, war, dass Cathy Mark unerklärlicherweise immer noch liebte. Und Mark Cathy ebenso. Da sie nicht unbedingt gut aufeinander zu sprechen waren, ja überhaupt nicht mehr miteinander sprachen – sie war in einen anderen Bundesstaat gezogen und hatte die Kinder mitgenommen – wusste keiner, was der andere empfand.

Mark wäre an seinen Schuldgefühlen beinahe zerbrochen, doch kurz vor dem endgültigen Zusammenbruch begab er sich beträchtliche Zeit in eine sehr engagierte Therapie. Inzwischen suchte auch Cathy in ihrer neuen Kirche fachlichen Rat – und hier konnte sie ihre Liebe zu Mark auch viel freier bekennen als unter ihren Freundinnen, die Mark samt und sonders hassten. Mit dem Segen seines Therapeuten fuhr Mark die sechzehnhundert Kilometer zu Cathy, um ihr zu sagen, wie sehr es ihm leid tat und sie zu fragen, ob sie wohl meinte, dass sie eines Tages vielleicht bereit sein könnte, darüber nachzudenken, ob sie ihm vergeben wolle. Er dachte bei sich, er könne bestenfalls erwarten, dass sie ihn nicht auf der Stelle erschoss, wozu sie eigentlich jedes Recht gehabt hätte.

> Vergebe, aber hüte dein Herz, bis du eine nachhaltige Veränderung siehst.
>
> HENRY CLOUD UND JOHN TOWNSEND

Cathy erschoss ihn nicht. Zu Marks Überraschung vergab sie ihm. Er konnte nicht wissen, dass sie bereits fast ein ganzes Jahr darauf hingearbeitet hatte, ihm zu vergeben. Er war so schockiert, dass eine Frage aus ihm herausbrach, von der er nicht einmal gehofft hatte, er würde sie stellen können: „Heißt das, du glaubst, dass wir wieder zusammenkommen könnten?"

Nun liebte Cathy den Mann zwar immer noch, aber sie war nicht dumm. Ihr ungläubiger Blick genügte Mark als Antwort. Er verbrachte noch ein wenig dringend notwendige Zeit mit den Kindern und kehrte dann nach New Jersey zurück. Nun sei endgültig alles aus, dachte er.

In den nächsten Sitzungen mit ihrer Therapeutin konnte Cathy die Verhaltensweisen bei Mark, die für sie schon immer schwierig gewesen waren (abgesehen von den offensichtlichen,

Wie Verzeihen wirklich gelingt

versteht sich) erkennen und benennen – Verhaltensweisen, die sie als Warnhinweise auf seine Affären hätte deuten müssen. Mithilfe ihrer Therapeutin erstellte sie eine Liste nicht verhandelbarer Bedingungen, die Mark erfüllen müsste, bevor sie eine Versöhnung erwägen könnte. Ihre Liste begann folgendermaßen:

1. Weiterhin Therapie machen. Cathy rechnete es Marks Therapeuten hoch an, dass er ihn dazu gebracht hatte, einen sehr kritischen Blick auf sich selbst zu werfen und schwierige, aber notwendige Veränderungen anzugehen.

> Vergebung ist der empfindsamste Teil der Liebe.
>
> JOHN SHEFFIELD

2. In anderen Lebensbereichen Treue und Verantwortungsbewusstsein zeigen – gegenüber Gott, seinem Arbeitgeber, seiner Herkunftsfamilie, seinen Kindern.

3. Einen Rechenschafts-Partner finden, also einen Mann, der sich verpflichtete, sich einmal wöchentlich mit Mark zum offenen und ehrlichen Gespräch zusammenzufinden und ihm dadurch zu helfen, seine Integrität zu wahren.

Insgesamt umfasste die Liste sieben Bedingungen. Indem sie klar festlegte, was sie von Mark erwartete, setzte Cathy die Grenzen, die sie bei den ersten kleinen gemeinsamen Schritten zum Wiederaufbau ihrer Beziehung schützen würden. Marks Bereitschaft, sich an ihre Wünsche zu halten, trug dazu bei, dass sie wieder Vertrauen zu ihm fassen konnte. Erst wenn Mark sich über einen längeren Zeitraum hinweg bewährt hätte, wollte Cathy über eine Versöhnung nachdenken.

Vier Jahre nach ihrer Trennung heirateten Mark und Cathy noch einmal. Mark war mit neuen Bedingungen einverstanden, die nun auf ihr Eheleben abgestimmt waren … und Cathy ebenso. Im Laufe der Jahre hatte sie auch ihr eigenes Verhalten untersucht, mit dem sie zum Scheitern ihrer ersten Ehe beigetragen hatte. Mark und ihre Therapeutin erstellten gemeinsam eine Liste mit Bedingungen, die Cathy würde erfüllen müssen. Sowohl auf Marks als auch auf Cathys Liste fand sich folgender Punkt: Regelmäßige Teilnahme an Eheberatungen.

Das Letzte, was ich von Mark und Cathy gehört habe, ist, dass sie ihren dreiundzwanzigsten Hochzeitstag gefeiert haben, plus-minus die vierjährige Pause.

> Vergebung ist kein irregeleiteter Akt, der ein verletzendes Verhalten gutheißt. Sie ist auch kein oberflächliches Hinhalten der anderen Wange, bei dem wir uns danach immer noch als gequältes Opfer fühlen. Sie ist vielmehr ein Abschließen alter Angelegenheiten, wodurch wir die Gegenwart ganz ohne Kontamination durch die Vergangenheit erleben können.
>
> JOAN BORYSENKO

Klare, überprüfbare und realistische Grenzen zu setzen, ist eine sehr sinnvolle Sache, die sich alle Menschen zu Herzen nehmen können. Besonders wichtig ist dies für alle, die sich um den Wiederaufbau einer Beziehung bemühen, die durch Untreue, Misshandlung oder ähnlich schwerwiegendes Unrecht zerbrochen ist. Ebenso wichtig ist es, die selbstgesetzten Grenzen einzuhalten. Wenn du zum Beispiel zur Versöhnung mit deinem Vater, der dich missbraucht hat, bereit bist, jedoch unter der Bedingung, dass ihr ausschließlich telefonischen Kontakt habt, dann musst du darauf gefasst sein, hart zu bleiben, wenn er eines Tages vor deiner Tür steht und in der Hoffnung, dass deine Gutmütigkeit über deine Entschlusskraft siegt, an dein Mitgefühl appelliert.

Dies ist eine der größten Hürden, die verhindern, dass Frauen aus dem Einflussbereich der Männer, die sie missbraucht oder misshandelt haben, freikommen. Manche Frauen können entweder keine klaren Grenzen setzen, die festlegen, was sie in einer Beziehung unter keinen Umständen tolerieren werden, oder aber sie vergessen diese Grenzen, sobald der Täter mit leeren Versprechungen und der geradezu unheimlichen Fähigkeit bei ihnen auftaucht, sie zu überzeugen, dass dieses Mal alles anders wird. Es ist gut und schön, wenn du demjenigen vergibst, der dich missbraucht oder misshandelt hat, aber mache unmissverständlich klar, dass du jetzt die Situation unter Kontrolle hast, indem du eine dicke und unübersehbare Grenzlinie ziehst, die er niemals überschreiten darf.

Es ist ein Fehler, negativ über Grenzen zu denken, als wären sie Gefängniswände; denn das sind sie nicht. Eher sind sie wie Festungsmauern. Sie sollen dich nicht beschränken, sondern beschützen. Wenn es um dich und dein emotionales – vielleicht sogar auch dein körperliches – Wohlergehen geht, dann hast du durch ein Leben innerhalb bestimmter Grenzen nicht nur die Kontrolle darüber, wer in dein Leben tritt, sondern auch unter welchen Bedingungen er oder sie das tut. Du kannst jemandem Einlass gewähren, der dich schon einmal verletzt hat, aber seine Waffen muss er zuvor ablegen.

> Mehr als auf alles gib acht auf dein Herz, denn aus ihm strömt das Leben.
>
> SPRÜCHE 4, 23
> (ZÜRCHER BIBEL)

Besinnung

Visualisiere dein Leben als eine Festung, die dich beschützen, aber nicht abschotten soll. Es wird Zeiten geben, in denen die Zugbrücke heruntergelassen ist und dein herzlicher und großzügiger Geist andere bereitwillig einlässt. Zu anderen Zeiten hingegen – insbesondere nachdem du verletzt worden bist – ist die Zugbrücke oben, sind die Tore geschlossen und die Türen verriegelt. Was ist für dich notwendig, damit du jemanden – egal wen – unter diesen Umständen in deine Festung einlassen kannst?

Übung

Ganz gleich, in welcher Lage du dich gerade befindest, es ist immer gut, sich darüber klar zu werden, wo deine Grenzen liegen, und zwar in allen Beziehungen – in Freundschaft, Liebe,

Arbeit, Familie und so weiter. Du wirst nicht alle Eventualitäten abdecken können, denn oft erkennt man seine Grenzen erst dann, wenn einen jemand an sie bringt – oder sie übertritt. Aufgrund deiner bisherigen Erfahrungen kannst du dir aber eine recht genaue Vorstellung davon machen, was du tolerierst und was nicht. Nehmen wir einmal an, du arbeitest irgendwo, wo man sich im Kollegenkreis regelmäßig kleine Gefälligkeiten erweist – du wendest für mich die Burger-Bratlinge, wenn ich überlastet bin, und ich schneide für dich die Tomaten, wenn du alle Hände voll zu tun hast. Sam allerdings bringt es nie fertig, seine Sesam-Buns alleine zu rösten, immer muss er dich und mich um Hilfe bitten, wodurch wir dann regelmäßig bei unserer eigenen Arbeit in Stress geraten. Die Grenze, die du ziehst, verläuft genau dort, wo Sams Unfähigkeit, seine Arbeit alleine zu verrichten, deine Arbeit beeinträchtigt. Schreibe bei dieser Übung alles auf, was dir einfällt. Später kannst du ausstreichen, was dich entweder doch nicht allzu sehr belastet oder im Vergleich zu allem anderen auf der Liste einfach übertrieben erscheint. Es kommt vor allem darauf an, dass du klärst, wo deine Grenzen liegen – im Augenblick für dich selbst und später für die anderen.

> Ohne Vergebung wird das Leben von einem endlosen Kreislauf aus Unmut und Vergeltung beherrscht.
>
> ROBERTO ASSAGIOLI

25
Mit dem Herzen zuhören

Der vietnamesische Mönch Thich Nhat Hanh ist ein bekannter buddhistischer Schriftsteller, der mit seinen Büchern Menschen aller Glaubensrichtungen erreicht hat, und das aus gutem Grund. Berühmt wurde er nicht, weil er die Aufmerksamkeit auf sich lenkte, sondern durch die Weisheit seiner Lehren und sein beispielhaftes Leben. In den Tagesablauf seines Klosters in Frankreich hat er unter anderem folgende einfache, aber tiefgründige Übung eingeführt. Angewendet wird sie von den Mönchen, die Telefondienst machen. Bevor sie zum Hörer greifen, atmen sie einmal tief durch, um sich von dem zu lösen, was sie gerade tun, und noch ein zweites Mal, um sich mit der Anruferin oder dem Anrufer zu verbinden. Diese Übung macht sie bereit, den Anrufenden ihre volle Aufmerksamkeit zu schenken.

Ich fürchte, dies ist eine Achtsamkeitsübung – Achtsamkeit bedeutet, in diesem Moment vollkommen gegenwärtig zu sein – an der ich immer wieder scheitere. Ich bin ganz eindeutig keine Freundin des Telefonierens. Natürlich gestehe ich dem Telefon zu, dass es dadurch sehr einfach ist, Termine zu vereinbaren und Ähnliches, aber sobald ein Telefonat einmal die Fünf-Minuten-Marke erreicht hat, werde ich kribbelig. Richtig kribbelig! Und der Himmel stehe dem Anrufer bei, wenn ich gerade am Computer sitze; dann arbeite ich oft einfach weiter, drücke die Tasten so leise wie möglich und achte darauf, dass der Lautsprecher aus ist.

Vollkommen gegenwärtig im Moment? Wohl kaum. Achtsam? Vielleicht für meine Arbeit, aber nicht für die Anruferin.

Thich Nhat Hanhs Art des Umgangs mit Telefonaten hat die meine nicht verändert, aber sie hat mich in anderer Hinsicht beeinflusst. Sie hat mir bewusst gemacht, wie selten ich mich von dem löse, was ich gerade tue, und jemandem, der mit mir spricht, meine volle Aufmerksamkeit zuwende. Das ist nicht nur respektlos, sondern wenn wir nicht aufmerksam – und ohne zu urteilen – zuhören, dann beeinträchtigt dies auch erheblich unsere Bemühungen um Versöhnung.

Ob sich nun ein anderer mit dir versöhnen möchte oder ob du selbst Versöhnung suchst, du bist es dir schuldig, genau zuzuhören, was in dem eben stattfindenden Gespräch gesagt wird und was nicht. (Du schuldest es auch dem Gegenüber, und sei es nur aus Respekt vor seiner Menschlichkeit, auch wenn du diese Auffassung im Moment vielleicht nicht teilen kannst.) Durch sorgfältiges Zuhören – das heißt, nicht nur mit den Ohren, sondern auch mit deinem Herzen – entdeckst du vielleicht, dass ihr lediglich aufgrund eines Missverständnisses getrennte Wege gegangen seid und du einen wesentlich größeren Anteil an dem Bruch hattest, als du bisher glaubtest – oder dass Versöhnung in diesem besonderen Fall alles andere als ein kluger Zug wäre.

> Denkt daran, liebe Brüder und Schwestern: Jeder soll stets bereit sein zu hören, aber sich Zeit lassen, bevor er redet, und noch mehr, bevor er zornig wird.
>
> JAKOBUS 1, 19
> (GUTE NACHRICHT BIBEL)

Mit dem Herzen zuzuhören erfordert, dass wir aufrichtig verstehen wollen, was unser Gegenüber sagt. Außerdem ist eine Reihe praktischer Fähigkeiten im Zuhören notwendig, die uns allen gut anstünden. Kay Lindahl, die Gründerin des *Listening Center* und Verfasserin des Buches *Mit dem Herzen hören. Von der Kunst des richtigen Zuhörens,* hat neun allgemeine Regeln für „tiefes Zuhören" entwickelt. Zu jeder ihrer Regeln zeige ich, inwiefern sie für Versöhnungsbemühungen geeignet sind:

Wie Verzeihen wirklich gelingt

Eins. Verzichte auf Vermutungen. Interpretiere das, was dein Gegenüber sagt, nicht nach deinen eigenen Erfahrungen. Erkenne an, dass die betreffende Person aus ihrer eigenen Situation heraus spricht und diese sich durchaus von deiner unterscheiden kann – vielleicht sogar gravierend.

Zwei. Sprich in „Ich"-Sätzen. Wenn du mit dem Sprechen an der Reihe bist, dann vermeide das Wort „du", weil es unnötig aggressiv und vorwurfsvoll klingen kann.

Drei. Höre zu, ohne zu urteilen. Das fällt vielen Menschen sehr schwer, aber widerstehe so gut du irgend kannst dem Drang, in Begriffen von richtig und falsch, gut und böse, wahr oder unwahr zu denken, während dein Gegenüber spricht.

Vier. Hebe Statusunterschiede auf. Hieran lassen Eltern Versöhnungsversuche mit ihren Kindern oft scheitern. Behandele dein Gegenüber als jemanden, der auf der gleichen Ebene steht wie du. Jetzt ist nicht der richtige Moment, deinen Rang auszuspielen.

Fünf. Bewahre die Vertraulichkeit. Schon die Bitte um Vergebung oder Versöhnung ist demütigend genug; mache das Ganze nicht noch erniedrigender, indem du anderen die schmutzigen Details weitererzählst, von denen du ganz genau weißt, dass sie geheim bleiben sollten.

Sechs. Höre zu, um zu verstehen. Noch so etwas Schwieriges. Beginne ein Versöhnungsgespräch in dem Bewusstsein, dass du nicht mit allem einverstanden sein musst, was dein Gegenüber sagt; du musst nur versuchen, die Situation aus seiner Perspektive zu sehen.

Sieben. Stelle Fragen. Wenn du auch nach sorgfältigem Zuhören nicht verstehst, worauf dein Gegenüber hinaus will, dann stelle sorgfältig formulierte Fragen, damit es dir klar wird.

Acht. Schweige. Du brauchst nicht jede Lücke mit Worten zu füllen. Manchmal müsst ihr vielleicht beide erst darüber nachdenken, was gerade gesagt wurde.

> Alle, die nach Versöhnung streben, versuchen eher zuzuhören als zu überzeugen, eher zu verstehen als sich aufzudrängen.
>
> Frère Roger

Neun. Einer nach dem anderen. Das ist ein dickes Ding! Unterbrich dein Gegenüber nicht – *niemals* – ganz gleich, wie sehr du anderer Meinung bist oder wie sehr die Person dich gerade ärgert. Das gilt besonders, wenn du wütend bist. Hüte deine Zunge und beruhige dich wieder.

Ich möchte dem noch eine zehnte Regel hinzufügen, die auf den großen spirituellen Führer und Schriftsteller François Fénelon zurückgeht: „Höre weniger auf deine eigenen und mehr auf Gottes Gedanken." Genau das bedeutet, mit dem Herzen zuzuhören. Atme tief durch. Löse dich von deinen Gedanken. Atme noch einmal tief durch und lasse Gottes Gedanken – über dich, über dein Gegenüber, über die ganze Situation – an die Stelle deiner eigenen treten. Öffne dich für die Führung des Heiligen Geistes; sei empfänglich für die verändernde Kraft des Heiligen Geistes; sei bereit, den kreativen Weg des Heiligen Geistes zur Versöhnung in Betracht zu ziehen.

Besinnung

Denke an ein schwieriges oder unangenehmes Gespräch zurück, das du vor kurzem erlebt hast. Analysiere, was nach Kay Lindahls- und Fénelons-Regeln schief (oder gut) lief.

Übung

Probiere aus, ob dir mit Thich Nhat Hanhs Telefon-Ritual größerer Erfolg beschieden ist als mir. Versuche dir anzugewöhnen, stets zweimal tief durchzuatmen, bevor du ans Telefon gehst – einmal, um dich von dem zu lösen, was du gerade tust, und das zweite Mal, um dich ganz mit dem Anrufer oder der Anruferin zu verbinden.

Die erste Pflicht der Liebe ist das Zuhören.

PAUL TILLICH

Es gibt die Gnade des freundlichen Zuhörens, genau wie es auch die Gnade der freundlichen Rede gibt.

FREDERICK WILLIAM FABER

26

Sieben mal sieben

Im Laufe seines dreijährigen Wirkens bestürmten die Jünger Jesus immer wieder mit jeder Menge Fragen, weil sie hofften, dass manche seiner Lehren dadurch klarer würden. Sie waren wohl ganz schön begriffsstutzig, diese Jünger. Insbesondere im Markus-Evangelium gewinnt man den Eindruck, dass sie Jesus mehr als einmal sogar an den Rand der Verzweiflung bringen. Man sieht förmlich, wie ihnen eine Lehre, die sie nicht ganz verstanden haben, den Schlaf raubt. In Petrus' Fall war das unter anderem Jesu Lehre über Vergebung. Daher stellt er die unbezahlbare Frage: „Herr, wenn mein Bruder oder meine Schwester an mir schuldig wird, wie oft muss ich ihnen verzeihen? Siebenmal?" (Matthäus 18,22)

Also bitte! Ich frage dich: Was hat Petrus sich eigentlich dabei gedacht? Wollte er die Vergebung mengenmäßig begrenzen? Hoffte er darauf, dass Jesus ihm eine Rechtfertigung für seine Unversöhnlichkeit liefern würde, indem er sagte, einmal sei genug, danach habe der Mensch keine zweite Chance mehr verdient? War sich Petrus überhaupt im Klaren darüber, was er da sagte? Die Frage ist so absurd, dass man wohl annehmen kann, dass es Petrus einigen Mut gekostet hat, sie zu stellen.

Da Petrus die Zahl sieben anscheinend völlig aus der Luft gegriffen hat, antwortet ihm Jesus auf der gleichen Ebene, indem er ebenfalls eine Zahl aus der Luft greift: Siebzig mal sieben Mal – was, für die „Rechenkünstler" unter uns, vierhundertneunzig Mal ergibt. Einige Übersetzer behaupten, diese Stelle sei als „siebenundsiebzig Mal" zu verstehen, womit sie beweisen, dass wir auch nach zweitausend Jahren noch versuchen, Jesu Lehren auf ein etwas handlicheres Format zu reduzieren.

Wie dem auch sei. Wenn du glaubst, dass Jesus buchstäblich vierhundertneunzig oder siebenundsiebzig Mal gemeint hat, dann kann ich wahrscheinlich nichts schreiben, was dich vom Mitzählen abhalten könnte. Obwohl ich sagen muss, dass ich mich sehr freuen würde, wenn du von dir hören ließest, sobald du bei Nummer vierhunderteinundneunzig oder achtundsiebzig angekommen bist. Das gäbe ein Buch!

Petrus hat nicht nur nicht begriffen, dass Vergebung eine Lebenseinstellung sein soll, er hat auch etwas Grundsätzliches an der Vergebung selbst nicht verstanden – und so geht es Vielen, die von dieser Begegnung zwischen Petrus und Jesus lesen. Sie fügen dieser Bibelstelle – Matthäus 18, 21-22 – Worte ein, die schlicht nicht da stehen. Jesus sagt: „Vergib" und sie lesen: „Vergib und lass zu, dass sie wieder in dein Leben treten und dich weiterhin misshandeln und dir Unrecht tun und dich verletzen, selbst wenn sie das siebenundsiebzig oder vierhundertneunzig Mal tun." Jesus spricht von Vergebung; sie reden von Versöhnung, was, wie du inzwischen wissen solltest, zwei völlig verschiedene Paar Stiefel sind.

Ein herausragendes Kennzeichen von Jesu Wirken war seine rückhaltlose Liebe. Bibel-Gelehrte mögen meine Auffassung an dieser Stelle widerlegen, aber mir kommt es so vor, als habe Jesus hier die rückhaltlose Liebe betonen wollen; als habe er betonen wollen, dass wir die Menschen weiterhin lieben müssen, indem wir ihnen vergeben. Man kann jeden Bibelvers zu Tode auslegen, aber das Leben kommt aus dem Geist der Lehre

> Die nie endenden Provokationen in unserem Alltag zu verzeihen – wieder und wieder der herrischen Schwiegermutter, dem tyrannischen Ehemann, der keifenden Ehefrau, der egoistischen Tochter, dem hinterlistigen Sohn zu vergeben – wie kann uns dies gelingen? Nur dadurch, so glaube ich, dass wir uns vergegenwärtigen, wo wir stehen und indem wir meinen, was wir sagen, wenn wir jeden Abend beten: „Und vergib uns unsere Schuld wie auch wir vergeben unseren Schuldigern."
>
> C. S. LEWIS

und dem Geist des Lehrers. Jesus war durch und durch Liebe, und er war durch und durch Vergebung.

Jesus verstand Petrus, denn er verstand die menschliche Natur. Er hatte Verständnis dafür, dass Petrus ein Schlupfloch suchte. Er wollte, dass Jesus ihm ein Hintertürchen öffnete. „Jetzt bleib aber mal auf dem Boden, Jesus", scheint er zu sagen. „Das kann doch nicht dein Ernst sein, dass ich jemandem zum Beispiel sieben Mal vergeben soll. Du hältst mich doch zum Narren, oder?" Er wünscht sich sehr, dass Jesus sich ihm zuwendet und sagt: „Mach dich nicht lächerlich. Wie kommst du denn bloß darauf, dass du erwarten könnte, dass du jemandem sieben Mal vergibst?" In Wirklichkeit hat er wahrscheinlich noch nicht einmal erwartet, dass Petrus jemandem auch nur ein einziges Mal vergeben würde, aber er wusste auch, dass Petrus es eigentlich viel besser konnte. Und es erwies sich, dass er damit recht behalten sollte – wenngleich erst sehr viel später.

Wir alle können es eigentlich viel besser. Gott hat uns die Fähigkeit geschenkt, über den Missbrauch, das Unrecht und die Verletzungen hinauszuwachsen und immer wieder zu vergeben, ohne jedoch die Auswirkungen des Leids auszublenden oder zuzulassen, dass Missbrauch und Misshandlungen weitergehen. Wir müssen so lange immer wieder vergeben, wie es notwendig ist.

> Zu erkennen, dass du geborgen und glücklich an Gottes Seite stehst; dass Seine Liebe dich umhüllt, weil dir vergeben ist; viel zu glücklich zu sein, um noch etwas übel zu nehmen; viel zu verliebt ins Leben, um es dir von einem unversöhnlichen Herzen vergällen zu lassen; und zu wissen, dass jetzt jeder Konflikt eine Chance ist, mehr über die unermessliche Schönheit der Liebe zu lernen: Dafür lohnt es sich zu leben, und dafür lohnt es sich ganz gewiss, seinem kummerbringenden Ego zu sterben.
>
> FLORENCE ALLSHORN

Besinnung

Inwiefern macht deine Fähigkeit, jemandem wiederholt zu vergeben, dich zu einem besseren Menschen? Inwieweit beeinflussen dein Verhältnis zu Gott und die Vergebung, die du selber erfahren hast, deine Fähigkeit, jemandem immer aufs Neue zu vergeben?

Übung

Der Koran hat zu wiederholtem Vergeben Folgendes zu sagen: „Vergebt und seid nachsichtig, bis Allah seinen Ratschluss kundtut! Er hat zu allem die Macht." (Sure 2, Vers 109) Das erfordert, dass wir wissen, was in einer bestimmten Situation Gottes Ratschluss ist. Gibt es in deinem Leben einen Vorfall oder einen Menschen, dem du anscheinend immer und immer wieder vergeben musst? Wenn ja, dann bitte den Heiligen Geist, dir in dieser Sache Gottes Ratschluss zu zeigen.

Vergib, vergib und vergib noch mehr. Höre niemals auf zu vergeben. Denn solange du im Körper lebst, wird auch die Versuchung da sein, zu projizieren und zu urteilen. Vergebung ist der Schlüssel zu Glück und Frieden; sie schenkt uns alles, was wir uns nur wünschen können.

GERALD J. JAMPOLSKY

27
Entfesselte Freude

Ich kenne in allen Glaubensrichtungen keine einzige Geschichte, die die Freude der Vergebung so vollkommen erfasst wie das Gleichnis vom verlorenen Sohn. Dass ich selbst eine verlorene Tochter bin, macht es für mich nur umso bedeutsamer, aber selbst wenn du die Verschwendungssucht des jüngeren Sohnes nicht nachvollziehen kannst, kannst du es vielleicht einfach deshalb wertschätzen, weil es so eine gute Geschichte ist.

So wie Jesus das Gleichnis erzählt, konnte es der jüngere der beiden Söhne des Mannes kaum erwarten, sein eigenes Leben zu führen. Deshalb bat er seinen Vater, ihm sein Erbe vorab auszuzahlen. Kurz danach ging er von zu Hause fort und brachte das Geld in kürzester Zeit durch. Zu seinem Pech wurde das Land, in dem er lebte, mit einer Hungersnot geschlagen, und er musste eine Arbeit annehmen – in einem Schweinestall. Dabei merkte er, dass die Schweine besser dran waren als er, und das brachte ihn zur Besinnung. Außerdem dämmerte ihm, dass die Knechte seines Vaters es recht gut hatten. So beschloss er, sich zu demütigen, sich bei seinem Vater zu entschuldigen und ihn zu bitten, er möge ihn als gedungene Arbeitskraft aufnehmen. Ab jetzt wird die Geschichte erst richtig interessant:

> So machte er sich auf den Weg zu seinem Vater. Er war noch ein gutes Stück vom Haus entfernt, da sah sein Vater ihn bereits kommen, und das Mitleid ergriff ihn. Er lief ihm entgegen, fiel ihm um den Hals und überhäufte ihn mit Küssen. „Vater", sagte der Sohn, „ich bin vor Gott und vor dir schuldig geworden, ich bin es nicht mehr wert, dein Sohn zu sein!" Aber der Vater

Wie Verzeihen wirklich gelingt

rief seinen Dienern zu: „Schnell, holt die besten Kleider für ihn, ..." (Lukas 15, 20-22 Gute Nachricht Bibel)

Hast du das mitbekommen? Der Vater war so außer sich vor Freude über die Rückkehr seines Sohnes, dass er dessen Entschuldigung gar nicht hören wollte. Sie spielte gar keine Rolle. Dem jungen Mann war vergeben, noch bevor er überhaupt um Vergebung gebeten hatte. So schnell vergibt die Liebe.

Dann weist der Vater die Diener an, den Sohn zu baden, ihm saubere Kleider und Sandalen anzulegen und den Familienring an den Finger zu stecken. Eilig macht sich das Personal an die Zubereitung eines besonderen Mahls anlässlich der Rückkehr des Sohnes. „Wir wollen ein Fest feiern und uns freuen! Denn mein Sohn hier war tot, jetzt lebt er wieder. Er war verloren, jetzt ist er wiedergefunden." (Verse 23-24)

Siehst du nicht die Aufregung? Spürst du nicht die Freude? Alles ist vergeben, weil der Sohn lebt. Vater und Sohn sind endlich wieder versöhnt, und alles andere ist unwichtig!

In der Bibel heißt es, dass die Engel im Himmel jubilieren, wenn sich auch nur ein Mensch zu Gott bekehrt. In dem Gleichnis vom verlorenen Sohn zeichnet Jesus ein erstaunliches Bild, wie dies aussieht. Wenn wir noch ein gutes Stück entfernt sind – als ich noch herablassend über alles Christliche urteilte, während der motorradfahrende Professor in einem fort von Vergebung schwafelte – jubilieren bereits die Engel im Himmel, und Gott kommt uns mehr als auf halbem Wege entgegen. Himmel. Himmel!

Wenn Gott in Sachen Vergebung unser Vorbild ist – was Gott natürlich ist – dann sollten wir vor Freude singen und tanzen und laut schreien, wenn ein reuiger Freund oder Verwandter kommt und uns um Vergebung bittet. Oder zumindest sollte uns danach zumute sein. Ganz gleich, in welcher Form wir ihr Ausdruck geben, wir sollten uns von der Freude – von echter, tief empfundener Freude, der die Umstände schnurzpiepegal sind – durch und durch ergreifen lassen.

„Der Weg, der nach der bitteren Erfahrung der Sünde zurück zum Vater führt, tut sich auf durch Gewissenserforschung und die feste Absicht zur Umkehr", sagte Johannes Paul II. 1999 in einer Ansprache zum Aschermittwoch unter Bezug auf dieses Gleichnis. Es ist ein innerer Prozess, der den Blick auf die Realität verändert; er lässt den Menschen seine Schwachheit erkennen und spornt den Gläubigen an, sich in Gottes Arme zu werfen.

„Dieses Gleichnis … gibt uns den konkretesten Ausdruck des Wirkens der göttlichen Barmherzigkeit in der Welt des Menschen." Man hätte es nicht besser sagen können.

Besinnung

Meditiere über folgende Erkenntnis von George Seaver: „Es gibt keine Situation im menschlichen Leben, so widrig sie auch scheinen mag, und keine menschliche Beziehung, so unangenehm sie auch scheinen mag, die nicht mit Gott im Herzen zu einem Gegenstand vollkommener Freude gemacht werden könnte." Glaubst du das? Wie kann eine widrige Situation in einen „Gegenstand vollkommener Freude" verwandelt werden?

Übung

Übe, fröhlich zu sein. Du schaffst das. Sprich ganz allein in deinem Haus oder deinem Zimmer ein freudiges Lobgebet zu Gott. Danke Gott für die Freude, die du in deinem

Leben hast, für alles, was deinem Leben Sinn gibt, für die Menschen und die Dinge, die du liebst. Denke daran, dass Freude nicht dasselbe ist wie Glück. Glück ist flüchtig und hängt von den Umständen ab; Freude ist ein dauerhafter Zustand, dem Umstände nichts anhaben können – zumindest nicht sehr lange.

28

Vergebung annehmen

Ich habe bereits von jenem Abend erzählt, an dem ich endlich mit Gott versöhnt wurde, nachdem ich den Bibelvers gehört hatte, wonach Gott unsere Sünden vergibt und vergisst. Am Ende jener Versammlung erlebte ich eine Freude und eine Freiheit, wie ich sie bis dahin nicht gekannt hatte. Erfrischt, erneuert und voller Hoffnung verließ ich die Veranstaltung.

Und dann ging ich nach Hause.

„Zuhause", das war damals ein Zimmer, in dem ich zur Untermiete wohnte. Meine Freunde verabschiedeten sich mit einem fröhlichen „Gott segne dich!" Doch kaum war ich ein paar Minuten zu Hause, stiegen Zweifel in mir auf. Was war denn gerade eben überhaupt passiert? War das wirklich so? War ich übergeschnappt? Oder war mir wirklich und wahrhaftig vergeben worden? Das überstieg mein Vorstellungsvermögen. Ich sank auf die Knie und fing an zu beten. Immer wieder bat ich Gott, mir zu vergeben. Als ob er das nicht bereits getan hätte.

Keine Stunde später klingelte es an der Haustür – sehr zum Befremden meiner Vermieterin. Schließlich war es ein Uhr nachts, und eine Mieterin, die so spät noch Besuch bekommt, war sie nicht gewohnt. Meine Besucher waren dieselben Freunde, die mich am Abend zu der Versammlung mitgenommen hatten. „Wir haben gedacht, es ist bestimmt besser, wenn wir nochmal wiederkommen", sagte Glenn. „Wir wissen, wie das ist. Kaum ist man zu Hause, schon kommen die Zweifel."

Glenn und die anderen blieben noch etwa eine Stunde und halfen mir zu begreifen, dass Gottes Vergebung echt war, dass ich diese Vergebung annehmen und dann in der Freiheit leben sollte, die mir nun geschenkt war. Meine Vermieterin war zwar bestimmt nicht sonderlich glücklich darüber, dass sie vorbeigekommen waren, ich allerdings schon. Durch ihren nächtlichen Besuch konnte ich von da an ganz anders auf Gott zugehen. Zumindest eine Zeit lang.

Obwohl ich an jenem Abend Gottes Angebot zu Vergebung und Versöhnung angenommen hatte – ach, habe ich überhaupt schon gesagt, dass beides zeitgleich eintritt, wenn die Vergebung von Gott kommt? Er hat die Macht dazu! – sollte ich es in Zukunft immer wieder ausschlagen, weil es mir mal mehr, mal weniger schwerfiel, Vergebung im Nachhinein anzunehmen. Manchmal lag es an der Art des Unrechts, andere Male einfach an meiner momentanen Stimmung. Dennoch musste ich mich immer wieder fragen: Warum war es so viel leichter gewesen, nach jahrelanger Entfremdung von Gott seine Blanko-Vergebung anzunehmen, als nun nach unserer Versöhnung im Einzelfall Vergebung zu akzeptieren?

Ich vermute, dass ich wohl unbewusst erwartet hatte, alle Verfehlungen lägen ein für allemal hinter mir, nachdem ich mit Gott Frieden geschlossen hatte. Als sich nun herausstellte, dass dem keineswegs so war, fiel es mir sehr schwer, meine Fehler anzunehmen, und noch schwerer fiel es mir zu glauben, dass Gott von meinen Untaten nicht restlos angewidert war. In dieser Hinsicht erging es mir nicht anders als den Menschen in der frühen Kirche; dass jemand auch nach der Taufe noch eine Sünde begehen konnte, versetzte die ersten Gläubigen in basses Erstaunen, und sie fragten sich, was dies im Hinblick auf Gottes Vergebung und ihre Versöhnung mit der übrigen Gemeinde zu bedeuten hätte.

> Wahre Vergebung aber ist Teilhabe, ist Wiedervereinigung, durch die die Mächte der Entfremdung überwunden werden. ... Solange wir nicht Vergebung erfahren haben, können wir nicht lieben. Je tiefer aber unsere Erfahrung von der Vergebung ist, umso größer ist unsere Liebe.*
>
> PAUL TILLICH

---

* Religiöse Reden, De Gruyter 1988, S. 193

Viel Trost habe ich in den Worten des Predigers Luis Palau gefunden: „Gott ist von uns nicht enttäuscht. Denn er hat sich gar nicht erst irgendwelchen Täuschungen hingegeben."* Ist das nicht ein wunderbarer Gedanke? Gott hat selbstverständlich nie von mir erwartet, dass ich perfekt bin! Deshalb hat er ja überhaupt erst ein Verfahren entwickelt, wodurch wir um Vergebung bitten und Vergebung erhalten können.

Im letzten Kapitel haben wir uns das Gleichnis vom verlorenen Sohn angesehen. Weißt du noch, wie der Vater auf den Anblick seines Sohnes reagiert hat? Und das Kind hatte sich noch nicht einmal entschuldigt! Doch der Vater war so überwältigt vor Freude über die Rückkehr seines Sohnes, dass es keiner Erklärung bedurfte: Sein Sohn war wieder zu Hause! Nun stelle dir vor, wie sehr Gott sich freut, wenn wir zu ihm zurückkehren *und* bereuen. Würde Gott uns seine Vergebung vorenthalten? Ich glaube nicht. Ich glaube, in Situationen, in denen wir Schwierigkeiten haben, Gottes Vergebung anzunehmen, können wir uns in Wirklichkeit selbst nicht verzeihen.

Vergebung ist ein Geschenk Gottes. Wenn wir es nicht annehmen – wenn wir glauben, dass ein Rückholbändchen daran befestigt ist und Gott es uns jeden Moment wieder aus den Händen reißen kann – dann verlieren wir die Freiheit, die mit der Vergebung und der erneuerten Beziehung zu Gott, die wir dadurch haben können, einhergeht. Wir brauchen nichts weiter zu tun, als das Geschenk anzunehmen. Mehr *können* wir nicht tun; denn es ist bereits alles für uns getan worden.

Gottes Vergebung anzunehmen, ist im Grunde ein Glaubensakt. Wenn uns immer wieder Zweifel beschleichen, ob uns vergeben ist, dann müssen wir um den Glauben bitten, dass wir wirklich akzeptieren können, dass uns vergeben ist.

> Wenn aber die Sünden vergeben sind, ist ein Opfer nicht mehr nötig.
>
> HEBRÄER 10, 18
> (GUTE NACHRICHT BIBEL)

---

* Luis Palau, „Does God Make a Difference?", Predigt, auf Englisch zu finden unter www.csec.org.

Besinnung

Denke einmal darüber nach, ob du glaubst, dass Gott dir vergeben hat. Wie nimmst du Gottes Geschenk der Vergebung wahr? Hat es ein Rückholbändchen? Wenn ja, wofür steht dieses Bändchen? Bitte Gott, dir ein genaues Bild davon zu vermitteln, wie das Geschenk der Vergebung aussieht.

Übung

Schreibe ein Gebet an Gott, durch das du deine Dankbarkeit für sein Angebot der Vergebung zum Ausdruck bringst. Sage klar und deutlich, dass du das Angebot annimmst und weißt, dass es kein Rückholbändchen hat. Zeige dennoch, dass du aus Dankbarkeit entschlossen bist, von der Sünde abzulassen, die dich einst von Gott getrennt hat. Ende mit einem Dank an Gott für eure erneuerte Beziehung.

Könnten wir einander nicht vergeben, d. h. uns gegenseitig von den Folgen unserer Taten wieder entbinden, so beschränkte sich unsere Fähigkeit zu handeln gewissermaßen auf eine einzige Tat, deren Folgen uns bis an unser Lebensende im wahrsten Sinne des Wortes verfolgen würden, im Guten wie im Bösen; gerade im Handeln wären wir das Opfer unserer selbst, als seien wir der Zauberlehrling, der das erlösende Wort: Besen, Besen, sei's gewesen, nicht findet.*

HANNAH ARENDT

Die meisten Menschen glauben, dass sie der Vergebung gar nicht wert sind.

LUIS PALAU

---

* Vita activa, Piper 2007, S. 302

29
Geteilte Schuld

Die Schriftstellerin Cathy Lechner berichtet von einem amüsanten Zwischenfall nach einem Geschäftsessen, an dem sie mit mehreren anderen Frauen teilnahm. Auf dem Rückweg in ihr Hotel saßen sie dichtgedrängt auf dem Rücksitz eines Autos. Plötzlich stieg Cathy ein unverkennbarer Geruch in die Nase – Knoblauch. Cathy sah sich unter den Frauen im Wagen um und stellte fest, dass die Schuldige, wer immer es war, den aufdringlichen Geruch auf dem Rücksitz offensichtlich gar nicht bemerkte.

Cathy versuchte ihr Möglichstes, dem Geruch, der anscheinend mit jedem Kilometer stärker wurde, zu entkommen. Sie kurbelte das Fenster herunter, wandte ihren Kopf hierhin und dorthin, alles ohne Erfolg. Doch dann fiel ihr etwas auf. Da war sie ja, die offensichtliche Ursache des Gestanks – ein winziges, knoblauchsaucentriefendes Salatblättchen, das unverrückbar in ihrem Dekolleté festsaß. *Sie* war es, die die Luft im Auto verpestete.

Manchmal müssen wir zugeben, dass wir *selber* die Luft verpesten. Wir sind immer schnell dabei, mit dem Finger auf andere zu zeigen, und oft vergeht eine lange Zeitspanne, bis wir zugeben, dass wir schuld sind. Doch wenn jemand uns Unrecht getan hat, dann haben wir in vielen Fällen in gewisser Weise und bis zu einem gewissen Grad auch selbst dazu beigetragen. Wir würden natürlich gerne glauben, dass die Schuld in der Regel zu neunzig Prozent beim Anderen liegt und nur zu zehn Prozent bei uns. Doch in Wirklichkeit tragen wir manchmal sehr viel mehr als nur zehn Prozent dazu bei.

Wir müssen uns über unsere Schuld im Klaren werden, und zwar aus mehreren Gründen. Erstens können wir Gott im Hinblick auf unsere angebliche Unschuld nichts vormachen, und zweitens müssen wir aufhören, uns selbst etwas vormachen zu wollen. Ein reines Gewissen vor Gott und unserem Inneren ist unschätzbar wertvoll, wenn wir den Frieden, den wir uns angeblich wünschen, tatsächlich erlangen wollen. Drittens weiß derjenige, der uns Unrecht getan hat, höchstwahrscheinlich sehr wohl um unseren Anteil an dem Bruch zwischen uns; wir müssen bereit sein, uns zu unserer Schuld zu bekennen, falls er bzw. sie das Ganze an die große Glocke hängen will, während wir versuchen, mit ihm bzw. ihr ins Reine zu kommen.

> Wir wissen es, Herr, und geben es zu: Wir sind vor dir schuldig geworden, wir und unsere Väter.
>
> JEREMIA 14, 20
> (GUTE NACHRICHT BIBEL)

Erinnerst du dich noch an Janet, deren Mann starb und ihr eine ganze Lastwagenladung an Kummer und Schuldgefühlen hinterließ? Zu den Wahrheiten, denen Janet ins Gesicht sehen musste, gehörte auch, dass sie in jenen letzten fünf Jahren, in denen Bill die Flinte praktisch ins Korn geworfen hatte, eine grandiose Nervensäge gewesen war. Die zahllosen Probleme ihrer Familie lagen zum großen Teil an ihr, und wenn Bill auch tatsächlich deutlich hilfsbereiter hätte sein können, so musste sie doch zugeben, dass sie seine Hilfsangebote so oft schroff abgewiesen hatte, dass es kein Wunder war, dass er ihr irgendwann weder Hilfe noch Unterstützung mehr anbot. Ich würde sagen, die Schuld lag zu fünfundsiebzig Prozent bei Bill und zu fünfundzwanzig bei Janet, aber hauptsächlich deshalb, weil Janet meine Freundin ist.

Außerdem gibt es noch den untreuen Mark und die schwer geprüfte Cathy, das Paar, das sich scheiden ließ und vier Jahre später erneut heiratete. Cathy erkannte, dass sie selbst auch zu ihren Eheproblemen beigetragen hatte, indem sie Mark nämlich nicht frühzeitig auf seine nächtlichen Eskapaden angesprochen und stattdessen ihre Aufmerksamkeit vermehrt auf die Kinder gerichtet hatte, damit sie die vielen Warnsignale um sie herum nicht sehen musste. Die Schuldverteilung in diesem Fall? Ungefähr neunundneunzig Prozent Mark und ein Prozent Cathy. Ich bin heute großzügig.

Menschen, die ein Zwölf-Schritte-Programm abgeschlossen haben – zumindest diejenigen, die diese zwölf Schritte tatsächlich vollzogen haben – begreifen viel besser als wir anderen, was es heißt, Fehler zuzugeben. Eine Sucht zu überwinden, ist außerordentlich schwierig, und wer sich einmal dazu entschlossen hat, gibt nicht so leicht wieder auf. Zu den zwölf Schritten gehört unter anderem, eine moralische Bilanz seines Lebens zu ziehen, seine Fehler vor Gott und anderen zuzugeben, Wiedergutmachung zu leisten, wo dies möglich ist, und zuzulassen, dass Gott im Leben die notwendigen Veränderungen vornimmt. Für eine abstinent werdende Süchtige ist es völlig unerheblich, ob sie zu sechzig oder nur zu zehn Prozent daran schuld ist. Ihr eigener Anteil an dem Problem muss eingestanden und korrigiert werden, ganz gleich, wer die größte Schuld daran trägt.

Zuzugeben, dass man Unrecht hat, ist oft nicht leicht, besonders dann nicht, wenn ein anderer noch viel mehr im Unrecht ist. Dennoch müssen wir uns genau unter die Lupe nehmen und erkennen, dass hin und wieder wir es sind, die die Luft im Auto verpesten. Nur so können wir in unserem Leben aufräumen und den Gestank loswerden.

> Wenn wir aber unsere Verfehlungen eingestehen, können wir damit rechnen, dass Gott treu und gerecht ist: Er wird uns dann unsere Verfehlungen vergeben und uns von aller Schuld reinigen.
>
> 1. Johannes 1, 9 (Gute Nachricht Bibel)

Besinnung

Sind bei dir immer die anderen schuld? Das geht vielen Menschen so, und meist ist ihnen gar nicht klar, wie sehr sie sich weigern, selbst die Verantwortung für ihr Verhalten zu übernehmen. Wenn derjenige, der dir Unrecht getan hat, den Spieß einmal umdrehen und dich auf deinen Anteil an der Schuld hinweisen würde, wärest du dann bereit, ihm reinen Wein einzuschenken, deinen Fehler zuzugeben und dann den Schwerpunkt wieder auf das eigentliche Thema zu lenken – deine Vergebung bzw. deinen Versöhnungsversuch?

Übung

Sicher, du bist vielleicht gar nicht süchtig. Leider widersetzen wir uns oft einer guten Idee oder Praxis, nur weil sie mit etwas Unangenehmem oder Schambesetztem verbunden ist. Die Zwölf Schritte der *Anonymen Alkoholiker* sind ein kraftvolles Werkzeug, das jeder benutzen kann. Hier stelle ich sie dir vor. Wörter, die du für deinen persönlichen Gebrauch durch passendere ersetzen kannst, setze ich dabei in Klammern:

1. Wir gaben zu, dass wir [dem Alkohol] gegenüber machtlos sind – und unser Leben nicht mehr meistern konnten.
2. Wir kamen zu dem Glauben, dass eine Macht, größer als wir selbst, uns unsere geistige Gesundheit wiedergeben kann.
3. Wir fassten den Entschluss, unseren Willen und unser Leben der Sorge Gottes – wie wir Ihn verstanden – anzuvertrauen.
4. Wir machten eine gründliche und furchtlose Inventur in unserem Inneren.
5. Wir gaben Gott, uns selbst und einem anderen Menschen gegenüber unverhüllt unsere Fehler zu.

> Buße ist dann am schwierigsten, wenn wir zugeben müssen, dass wir Unrecht hatten – was wir nur selten gerne tun und was nicht halb so viel Spaß macht wie sich genüsslich im Recht zu fühlen. Sich seinen eigenen Fehlern zu stellen, ist manchmal sehr qualvoll.
>
> M. Blaine Smith

6. Wir waren völlig bereit, all diese Charakterfehler von Gott beseitigen zu lassen.
7. Demütig baten wir Ihn, unsere Mängel von uns zu nehmen.
8. Wir machten eine Liste aller Personen, denen wir Schaden zugefügt hatten, und wurden willig, ihn bei allen wiedergutzumachen.
9. Wir machten bei diesen Menschen alles wieder gut – wo immer es möglich war – es sei denn, wir hätten dadurch sie oder andere verletzt.
10. Wir setzten die Inventur bei uns fort, und wenn wir Unrecht hatten, gaben wir es sofort zu.
11. Wir suchten durch Gebet und Besinnung die bewusste Verbindung zu Gott – wie wir Ihn verstanden – zu vertiefen. Wir baten Ihn nur, uns Seinen Willen erkennbar werden zu lassen und uns die Kraft zu geben, ihn auszuführen.
12. Nachdem wir durch diese Schritte ein spirituelles Erwachen erlebt hatten, versuchten wir, diese Botschaft an [Alkoholiker] weiterzugeben und unser tägliches Leben nach diesen Grundsätzen auszurichten.*

Schenke ihnen die Gnade, wenn sie einander verletzen, ihre Fehler zu erkennen und zuzugeben sowie einander und dich um Vergebung zu bitten.

AUS DER TRAULITURGIE DES *BOOK OF COMMON PRAYER*
(AGENDA DER ANGLIKANISCHEN KIRCHE)

---

* Wörtlich der Website der deutschen AA entnommen, siehe Quellennachweise.

30
Können wir Gott vergeben?

Als ich mit der Arbeit an diesem Buch begann, lautete ein Vorschlag für den Untertitel: *Anderen, uns selbst und Gott vergeben.* Meine reflexartige Reaktion war: Wir können doch Gott nicht vergeben! Daher lehnte ich diese Formulierung ab, in der Überzeugung, dass bereits die Vorstellung, Gott zu vergeben, an Blasphemie grenzte.

Doch inzwischen habe ich verstanden, was die Leute meinen, wenn sie behaupten, sie hätten Gott vergeben, oder wenn der pietätlose Popsänger Morrissey zum x-ten Mal singt, er habe Jesus verziehen: „I Have Forgiven Jesus." Ich erkannte, dass dies an der unterschiedlichen Auslegung ein und desselben Begriffes lag. Unter „Gott vergeben" verstand ich das eine; andere hingegen verstanden und meinten etwas ganz anderes. In diesem Fall muss ich zugeben, dass ich ganz schön begriffsstutzig war, was ich wirklich nicht gerne sage.

Ich hatte von Anfang an in die falsche Richtung gedacht. Ich stellte mir vor, „Gott zu vergeben", würde bedeuten, ihm seine Sünden zu erlassen, gerade so wie er uns vergibt, indem er uns unsere Sünden erlässt. Nun ja, so gesehen ist es kein Wunder, dass ich dieser Vorstellung so abgeneigt war. Wenn ich diese Macht hätte, dann würde ich schon längst die Welt beherrschen.

Andere verstanden darunter etwas wesentlich Gescheiteres und Vernünftigeres. In Situationen, in denen niemand für eine Tragödie zur Verantwortung gezogen werden kann, brauchen die Menschen einen Adressaten für ihre Wut. Gott gibt in diesem Fall ein naheliegendes und logisches Ziel ab – insbesondere wenn durch solche „höhere Gewalt" ein geliebter Mensch ums Leben kommt. Wem sonst sollte man die Schuld geben an einer Lawine, einem Erdbeben oder einem Tsunami? Manchmal besteht sogar eine noch direktere Verbindung zwischen Gott und jemandes Verlust. Ein Junge stürzt vom Baum und bricht sich das Genick. Ein Kleinkind krabbelt irgendwie unter einem Zaun hindurch und ertrinkt im dahinterliegenden Teich. Ein junger Pastor und Schriftstellerkollege stirbt an einem Stromschlag, als er während einer Taufe unbedacht zum Mikrofon greift. Hätte Gott nicht verhindern können, dass Kyle Lake ein Stromkabel anfasst, während er schultertief im Wasser steht? Wie konnte Gott zulassen, dass er vor achthundert Leuten, darunter auch seine Frau und die frisch bekehrte Christin, die er taufen sollte, durch einen Stromschlag ums Leben kommt?

Wie können wir in solchen Tragödien einen Sinn erkennen?

Gar nicht. Wir können bestenfalls – sofern wir einen gewissen Abstand zu der Sache haben – anerkennen, dass es Dinge gibt, die wir nie verstehen werden.

Doch für die Hinterbliebenen ist es etwas ganz anderes. Ich weiß nicht, ob Kyles Frau in manchen Momenten Gott die „Schuld" daran gegeben hat, aber ich bin mir sicher, dass sich Jen mehr als einmal gefragt hat, warum Gott so etwas Schreckliches zulassen konnte. Bei solchen tragischen Unglücken wie in Kyles Fall haben die Hinterbliebenen keinen anderen Menschen, dem sie die Schuld daran zuweisen und gegen den sie ihre Wut richten können. Sie laufen ernsthaft Gefahr, in einer krankhaften Depression zu versinken, einer möglichen Folge unterdrückter Wut. Ich habe das Gefühl, Gott ist es lieber, wenn man ihm die Schuld daran gibt, als wenn er so etwas mitansehen muss.

Eines weiß ich jedoch sicher – Gott ist so groß, dass er deine

> Sollten wir Gott vergeben? Vielleicht. Müssen wir Gott vergeben? Nein. Aber wenn es dir hilft, dich mit Gott zu versöhnen, und wenn es dich beruhigt, dann kannst du es von Herzen gerne tun.
>
> DAVID SIELAFF

Schuldzuweisungen, deine Wut, deine Verzweiflung auf sich nehmen kann. Ich habe mit ihm schon so oft einen Strauß ausgefochten, dass es ein Wunder ist, dass wir heute überhaupt noch miteinander reden. Dennoch wäre ich nie auf die Idee gekommen, Gott zu vergeben; am Ende bin anscheinend immer ich diejenige, die ihn um Vergebung dafür bittet, dass sie ihm die Schuld an allem gegeben hat, auch wenn ich mir meine Probleme meistens selber eingebrockt habe.

Doch wenn wir Gott die Schuld zuweisen, führt dies zu einem neuen Problem – zur Entfremdung. Solange du Gott die Schuld gibst, könnt ihr beiden keine gute Beziehung zueinander haben. Nur durch Vergebung kannst du wieder mit Gott versöhnt werden. Da haben wir es: Schon sind wir wieder bei der Vergebung gelandet.

Sobald du einmal eine gute, liebevolle Beziehung zu Gott gehabt hast, ist die Entfremdung von ihm nie schön. Es ist viel besser, wenn du deinem Ärger über einen schrecklichen Verlust Luft machst, als wenn du versuchst, mit allem allein fertig zu werden und mit dieser Enttäuschung und diesem Leid zu leben. Vergib Gott und überwinde deine Wut. Ein vom Heiligen Geist getrenntes Leben ist es einfach nicht wert.

Besinnung

Wie kannst du den sinnlosen Tragödien, die du entweder selbst erlebt oder von denen du gehört hast, einen Sinn abgewinnen? Glaubst du, dass Gott wirklich alles im Griff hat? Gibst du gern Gott die Schuld, wenn etwas Schlimmes geschieht und es sonst keinen Schuldigen gibt? Wie wirkt sich das auf deine Beziehung zu Gott aus?

Zutiefst entmutigt, weil es uns nicht gelingt, einen Grund zu finden für unseren Schmerz, den wir schnell als ungerechtfertigt und unverdient betrachten, rebellieren wir dagegen und klagen Gott an. ... Doch es hat keinen Sinn, dauerhaft auf Gott wütend zu sein. Wir können ihn für unsere Verletzungen verantwortlich machen, aber er kann sich schlecht entschuldigen.

Johann Christoph Arnold

> Denn meine Gedanken sind nicht eure Gedanken, und eure Wege sind nicht meine Wege, spricht der Herr, sondern so viel der Himmel höher ist als die Erde, so sind auch meine Wege höher als eure Wege und meine Gedanken als eure Gedanken.
>
> JESAJA 55, 8-9

Übung

Vielleicht geht es dir ja wie mir – und der Gedanke, Gott zu vergeben, behagt dir nicht. Dennoch hast du ungelöste Themen, die du gerne mit ihm klären würdest. Mache es wie ich – gib's ihm. Mache deinem Ärger gegenüber Gott Luft. Nimm's genau – sehr genau. Lasse diese Begegnung mit Gott geradezu epische Ausmaße annehmen. Halte mit nichts hinterm Berg. Sei nur darauf gefasst, am Ende demütig vor ihm zu stehen. Bitte Gott um Verzeihung dafür, dass du ihn so angebrüllt hast, vertraue darauf, dass du die Antworten, die dir deiner Meinung nach zustehen, schließlich auch bekommen wirst; schaue in deinem Leben wieder nach vorne und bewahre dir deine gute Beziehung zum Heiligen Geist.

31
Erzähle deine Geschichte

Im Frühjahr 1995 begab ein Nigerianer namens Raymond sich auf eine Art heiliger Reise, die ihn in ein halbes Dutzend Länder auf dem ganzen afrikanischen Kontinent führen sollte. Seine Mission: Sich von all jenen Freunden und Familienangehörigen zu verabschieden, die ihm im Laufe seines Lebens am meisten bedeutet hatten. Raymond war zweiundvierzig Jahre alt und stand kurz vor seinem Tod – einem Tod aus Verzweiflung. Er hatte zu viel Hass und Streit erlebt, zu viel Blutvergießen und Gewalt, zu viel Unterdrückung und Krieg. Nun war es an der Zeit zu sterben, und zwar von eigener Hand.

Zu den letzten Gesichtern, die er auf Erden sehen wollte, gehörte auch das seines Bruders in Kenia. Deshalb machte er Nairobi zur letzten Station seiner Pilgerreise. Spät in der Nacht kam er an; daher beschloss er, bis zum Morgen zu warten, ehe er seinem Bruder sagen würde, warum er gekommen war und was er tun wolle, wenn er wieder ginge. Zwar war er mit seinem Entschluss zum Freitod völlig im Reinen, dennoch verspürte er eine große innere Unruhe und konnte nicht schlafen. Geistesabwesend griff er zu einer Zeitschrift auf dem Nachttisch und blätterte sie durch.

Was in der darauffolgenden Stunde geschah, kann man nur als Wunder bezeichnen. Zwar habe ich die genauen Einzelheiten über Raymonds Lektüre nie erfahren, Folgendes aber weiß ich: Raymond beging nicht Selbstmord, weder am folgenden noch an einem anderen Tag, denn auf den Seiten dieser Zeitschrift entdeckte er eine Geschichte über Vergebung und Versöhnung, von der eine solche Kraft ausging, dass sie seinen Geist mit *Hoffnung* erfüllte – Hoffnung, die er bereits vor Jahrzehnten verloren hatte.

Bei der Zeitschrift handelte es sich um die Januar-Ausgabe des Magazins *Charisma*, dessen Nachrichtenredakteurin ich damals war. Einmal jährlich stellte die gesamte Redaktion eine Sonderausgabe mit dem Titel „Der Heilige Geist auf der ganzen Welt" zusammen, in der wir Gottes Wirken an den weltweiten Brennpunkten im vergangenen Jahr hervorhoben. In diesem Fall ging es um das Jahr 1994, und einer der Artikel befasste sich mit den Nachwehen des schrecklichen Bürgerkriegs in Ruanda, bei dem kriegerische Hutu und Tutsi einander brutal abgeschlachtet hatten, so dass nun die Leichen von beinahe einer Million Männern, Frauen und Kindern überall im Land in Massengräbern aufgeschichtet lagen. Millionen weiterer Ruander strömten in die Nachbarländer, wo sie Zuflucht suchten. Keine Volksgruppe blieb verschont; unter den Toten waren annähernd fünfhundert katholische Priester und Gläubige sowie eine unbestimmte Anzahl protestantischer Geistlicher. Viele waren in ihren Kirchen getötet worden.

> Nie erscheint die menschliche Seele so stark und so edel, als wenn sie auf Rache verzichtet und es wagt, ein Unrecht zu vergeben.
>
> EDWIN HUBBLE CHAPIN

Monate nach dem Ende der Massaker wurden die Gottesdienste in den Kirchen allmählich wieder aufgenommen. Noch völlig benommen von Trauer und Entsetzen hörten die Besucher eines solchen Gottesdienstes den Worten eines Gast-Predigers zu. Ihr eigentlicher Pastor lebte noch immer in einem Flüchtlingslager in Zaire. Das Predigt-Thema des Gast-Priesters war Vergebung.

Vergebung? *Vergebung?* Diese Menschen hatten unvorstellbare Grausamkeiten erlebt. Ein Stamm hatte seinen Feinden die Beine abgehackt, um sie im wahrsten Sinne des Wortes zurechtzustutzen, bevor sie sie umbrachten. Achtjährige Kinder wurden mit dem Gewehr an der Schläfe gezwungen, ihre Nachbarn zu töten. Wie konnte dieser Mann – dieser *Gast-Prediger* – es da wagen, zu ihnen von Vergebung zu sprechen?

Nicht leichtfertig, dessen bin ich mir sicher. Aber auch nicht ohne triftigen Grund, denn auch der Redner hatte ungeheure Verluste erlitten. Zu den Opfern des Krieges zählten annähernd siebzig Angehörige seiner weitverzweigten Familie. Und er hatte jedem ihrer Mörder vergeben, auch wenn er deren Namen nicht kannte – und ebenso wenig ihr Schicksal.

Dieser und weitere Berichte über Vergebung im Angesicht unvorstellbaren Gemetzels lieferten für Raymond den unbestreitbaren Beweis für die Macht göttlicher Gnade. Ebenso überzeugend waren die Berichte über Versöhnung zwischen einzelnen Überlebenden der Hutu und der Tutsi – und über die anhaltenden Bemühungen für eine nationale Versöhnung und den Wiederaufbau eines restlos zerstörten Landes.

Wenn die Angehörigen zweier Gruppen, die einander so abgrundtief verabscheuten, von Versöhnung sprechen, ja sie sogar erreichen konnten, dann hatte Raymond guten Grund, wieder an die Hoffnung zu glauben. Und wenn die Liebe solch überwältigenden Hass besiegen konnte, dann hatte Raymond guten Grund, wieder an die Liebe zu glauben. Mitten im Gästezimmer seines Bruders wurde Raymond selbst von Liebe überwältigt – von der Liebe Gottes. Er vergab denen, die ihm seine Lebensfreude geraubt hatten, und beschloss, dass das Leben tatsächlich lebenswert sei.

> Die Praxis der Vergebung ist unser wichtigster Beitrag zur Heilung der Welt.
>
> MARIANNE WILLIAMSON

Woher weiß ich so viel über einen Mann, dem ich nie begegnet bin und der auf einem Kontinent lebt, den ich noch nie betreten habe? Raymond erzählte seine Geschichte in einem Brief, den er mir im Sommer 1995 schrieb, acht Monate nachdem der evangelikale Katastrophenhelfer Reg Reimers und ich den Bericht über Ruanda zusammen erarbeitet hatten. Raymond wollte uns dafür danken, dass wir der Welt von der Macht der Vergebung und der Versöhnung berichtet und ihm dabei das Leben gerettet hatten.

Da saß ich nun, in meiner Büro-Wabe in der Redaktion einer Zeitschrift mit vielleicht zweihunderttausend Abonnenten – führte Interviews, redigierte Texte und schrieb Artikel, endlose Stunden, Tag für Tag – und fragte mich meistens, ob überhaupt jemand wirklich las, was ich schrieb. Und dann kam Raymonds Brief.

Müssen wir unsere eigene Geschichte von Vergebung und Versöhnung erzählen? Unbedingt! Folge einmal der Spur dieser wenigen Geschichten und der Wirkung, die sie hatten: Überlebende des Bürgerkriegs in Ruanda erzählten Reg davon, wie sie ihren Feinden vergeben und sich mit ihnen versöhnen konnten; Reg und ich erzählten diese Geschichten in gedruckter Form für die Leserinnen und Leser von *Charisma* nach; Raymond berichtete uns, wie diese Geschichten ihm das Leben gerettet hatten und – *Halleluja!* – Raymonds Geschichte bewies, dass mein Lebenswerk tatsächlich zu etwas gut war.

> Sag nicht: Wie er mir getan hat, so will ich auch ihm tun, einem jedem will ich vergelten, wie es seine Taten verdienen.
>
> Sprüche 24, 29
> (Einheitsübersetzung)

Unsere Geschichten helfen uns zu heilen. Unsere Geschichten helfen anderen zu heilen. Und zusammengenommen helfen unsere Geschichten der Welt zu heilen – immer wieder ein kleines bisschen, versteht sich. Aber lieber möchte ich nur ganz wenig zur Heilung beitragen als gar nichts.

Besinnung

Du hast wahrscheinlich keine Feinde im Leben, und das ist ein Segen. Mit Feinden meine ich solche mörderischen Gegner wie die, mit denen sich die Ruander 1994 auseinandersetzen mussten und denen sich auch heute noch überall auf der Welt viele Menschen gegenübersehen. Überlege einmal, wie es wäre, in einem solchen Umfeld zu leben, und beschließe bewusst, deinen Feinden im Voraus zu vergeben, selbst wenn du wüsstest, welche Grausamkeiten sie dir antäten. Welche Auswirkungen hätte das wohl auf dein Leben, insbesondere im Hinblick auf den Grad der Angst, den du verspüren würdest?

Übung

Erzähle deine eigene Geschichte von Vergebung und Versöhnung – egal welche. Es könnte eine Geschichte sein, an der du persönlich beteiligt warst oder die du am Rande mitbekommen hast und die bedeutende Auswirkungen auf dein Leben hatte. Schreibe sie mit allen Einzelheiten, an die du dich erinnern kannst, auf. Dann erzähle sie jemandem. Je nach Umständen und Art deiner Geschichte könntest du sie auch überarbeiten und im Mitteilungsblatt deiner Gemeinde oder einer geeigneten Zeitschrift veröffentlichen. wenn du sie auf Englisch schreiben kannst, dann schicke mir bitte unbedingt eine Kopie an misfit@marciaford.com.

> So treten wir nun als Gesandte Christi auf, denn durch uns lässt Gott seine Einladung ergehen. Wir bitten an Christi Statt: Lasst euch versöhnen mit Gott!
>
> 2. KORINTHER 5, 20 (ZÜRCHER BIBEL)

Nachwort

Das Volk der Athabasken, das in der Yukon-Niederung in Alaska zu Hause ist, kennt eine jahrhundertealte Legende von zwei älteren Frauen, die während einer Hungersnot sich selbst überlassen blieben. Seit vielen Generationen erzählte man sich Geschichten über ähnliche Vorfälle. Wenn ein Stamm gezwungen war, neue Jagdgründe zu suchen, dann wurden die schwächsten Mitglieder zurückgelassen und damit dem sicheren und schrecklichen Hungertod – oder Schlimmerem – anheimgegeben. Doch schon seit Langem hatte man eine solch radikale Maßnahme nicht mehr erlebt. Als nun der Stammeshäuptling beschloss, Sa' und Ch'idzigyaak zurückzulassen, waren die beiden alten Frauen verblüfft.

Fest entschlossen, ihre Gefühle nicht zu zeigen, schauten Sa' und Ch'idzigyaak stur geradeaus, als der Stamm sich zum Aufbruch vorbereitete. Ch'idzigyaak fühlte sich besonders hintergangen; denn zu denen, die von ihr fortzogen, gehörten auch ihre eigene Tochter und ihr Enkelsohn. Dem Jungen konnte sie vergeben; ihrer Tochter nicht. Ch'idzigyaak hatte ihr beigebracht, stark und mutig zu sein, Ungerechtigkeit zu bekämpfen und den Hilflosen beizustehen. Doch Ozhii hatte ihre Lektion nicht gut gelernt.

Wenige können sich auch nur annähernd vorstellen, welche Härten die beiden Frauen im Kampf gegen den eiskalten arktischen Winter durchzustehen hatten. Doch sie besannen sich wieder auf ihre Fähigkeiten, die sie in ihrer Jugend erlernt hatten – lange bevor sie darauf angewiesen waren, dass eine jüngere Generation sie im Alter versorgte. Sie erinnerten sich an einen günstigen Lagerplatz in der Nähe eines Flusses und machten sich auf, die beinahe vergessene Stelle zu finden.

Unterwegs jagten sie mit Fallen, häuteten die Tiere und fischten, obwohl sie die Schmerzen in ihren brüchigen Gelenken oft zwingen wollten, aufzugeben und sich zum Sterben niederzulegen.

Doch sie legten sich nicht zum Sterben nieder. Bis zum Frühjahr fanden sie den alten Lagerplatz, an dem es so viel Fisch, Wild und Beeren gab, dass sie einen ausreichenden Wintervorrat anlegen konnten. Aus Hirschhäuten bauten sie ein warmes, gemütliches Zelt und sammelten mehr als genug Holz, damit ihr Feuer während des langen Winters in Alaska nie ausging. Sie waren zuversichtlich, den eisigen Winter relativ wohlbehalten zu überstehen.

Dennoch steckte ihnen der Stachel des Verrats tief im Fleisch. Deshalb reagierten Sa' und Ch'idzigyaak zunächst nicht, als sie eines Nachts eine ferne Stimme hörten, die ihre Namen rief. Erst als sie erkannten, dass sie unweigerlich entdeckt würden, erwiderten sie den Ruf. Ein älterer Fährtenleser aus ihrem Stamm, der nicht nur im Spurenlesen geschult war, sondern auch darin, seiner Intuition zu trauen, hatte sie seit Tagen gesucht, nachdem er zu dem Schluss gekommen war, dass sie bestimmt so klug und überlebenswillig gewesen waren, den alten Lagerplatz zu suchen.

Zunächst wahrte der Stamm Distanz zu den beiden alten Frauen und respektierte deren Wunsch, in Ruhe gelassen zu werden. Die Frauen vertrauten dem Stamm nicht mehr, und es würde Zeit brauchen, bis ihre Wunden heilten. Nach einiger Zeit schickten Sa' und Ch'idzigyaak dem Stamm, der durch die Hungersnot in dem Land, das sie bejagten, stark dezimiert worden war, Nahrungsmittel aus ihrem Vorrat. Die schwere Zeit, die sie selbst durchgemacht hatten, hatte ihr Herz gegenüber jenen erweicht, die vor einem Jahr der Entscheidung des Häuptlings, sie zurückzulassen, blind gefolgt waren.

Wochen vergingen. Eines Tages tauchte Ch'idzigyaaks Enkel in ihrem Lager auf. Keine Frage, ihm hatte sie längst aus freien Stücken vollständig vergeben. Doch ihr freudiges Wiedersehen wurde durch eine Ungewissheit getrübt, die unausgesprochen zwischen ihnen stand. Was war mit Ozhii? Warum hatte sie Ch'idzigyaak zurückgelassen? Und warum hatte sie ihre Mutter in all den Wochen, seit der Fährtenleser sie entdeckt hatte, nie besucht?

Schließlich brachte Ch'idzigyaak den Mut auf, nach Ozhii zu fragen. War ihre Tochter so gefühllos, dass sie sich um ihre Mutter keinerlei Gedanken machte? War sie zu stolz, um auch nur nach ihr zu fragen? Nie und nimmer, versicherte Shruh, der Enkel. Ozhii schämte sich dafür, dass sie sich im Jahr zuvor vom Hunger hatte die Kraft rauben lassen, für ihre Mutter zu kämpfen. Sie hatte kein Recht, von ihrer Mutter Vergebung zu erwarten. Sie hatte keinen Grund zu hoffen, dass eine Versöhnung zwischen ihnen je möglich wäre.

Bei seiner Rückkehr ins Lager versicherte Shruh Ozhii, dass ihre Mutter ihr tatsächlich vergeben hatte. Die Zeit hatte Ch'idzigyaak tiefere Einsicht geschenkt, in welcher Zwickmühle ihre Tochter gesteckt hatte. Ihre Mutter zu verteidigen und damit gegen den Häuptling zu rebellieren, hätte bedeutet, dass sie damit nicht nur ihren eigenen Tod, sondern auch den ihrer Mutter und ihres Sohnes riskiert hätte. Von Shruhs Bericht ermutigt, machte sich Ozhii auf den Weg zu Ch'idzigyaaks Lager – allerdings ziemlich beklommen. Denn was wäre, wenn er nicht Recht hatte?

Ozhii hätte keine Angst zu haben brauchen. Beim Anblick ihrer Tochter streckte Ch'idzigyaak sich ihr entgegen, schloss sie in die Arme und Tränen liefen ihr über die wettergegerbten Wangen. Ja, Ch'idzigyaak hatte Ozhii aus freien Stücken vollständig vergeben. Von da an ließen die Athabasken nie wieder einen der ihren zurück. Die Erinnerung an das Unrecht, das sie Sa' und Ch'idzigyaak angetan hatten, ließ das nicht zu.

Warum habe ich mir zum Abschluss unseres Gesprächs über Vergebung und Versöhnung diese uralte Legende ausgesucht? Ein moderneres Beispiel hätte es doch bestimmt auch getan.

Das stimmt zwar, aber dann hätte ich nicht meiner Leidenschaft für alles, was aus Alaska kommt, frönen können. Hauptsächlich aber habe ich diese Geschichte, die ich Velma Wallis' Buch *Zwei alte Frauen* entlehnt habe, deshalb ausgewählt, weil sie nicht nur etliche Ideen enthält, mit denen wir uns bereits beschäftigt haben, sondern darüber hinaus auch eine bisher unerforschte Möglichkeit zeigt, die uns Hoffnung schenkt, dass aus Unrecht tatsächlich etwas Gutes erwachsen kann.

Zuerst jedoch zu den bekannten Ideen. Erstens, das Unrecht muss eindeutig und persönlich sein. Dein Nachbar kann dir auf die Nerven gehen und dich fast zum Wahnsinn treiben, aber das ist kein eindeutiges Unrecht. In der Geschichte aus Alaska begeht der Stammes-Häuptling ein eindeutiges, persönliches Unrecht an Sa' und Ch'idzigyaak. Und nach Ch'idzigyaaks Meinung tut ihre Tochter das Gleiche. Für Sa' und Ch'idzigyaak hat der ganze Stamm ihnen Unrecht getan.

Eine zweite Idee ist, dass das begangene Unrecht zu einem gewissen Grad der Entfremdung führen muss, entweder räumlich oder emotional. Wenn dir angeblich jemand Unrecht getan hat, dieses aber nur als kaum wahrnehmbares Pünktchen auf deinem emotionalen Radarschirm auftaucht, dann war entweder das Unrecht nicht so gravierend oder du hast dem Betreffenden bereits – vielleicht unbewusst – vergeben. Die Entfremdung von Sa' und Ch'idzigyaak von ihrem Stamm – und von Ch'idzigyaaks Familie – war sowohl räumlich als auch emotional. Ein Jahr lang hatte es auch den Anschein, als sei sie endgültig. Die beiden Frauen hatten keinerlei Grund zu glauben, sie würden ihren Stamm je wiedersehen. Der Stamm hatte keinerlei Grund zu der Annahme, die beiden gebrechlichen alten Frauen könnten noch leben.

Ein dritter Hinweis darauf, dass Vergebung möglich sein könnte, ist, dass das Herz des Menschen, dem Unrecht getan worden ist, sich dem Täter gegenüber erweicht – und sei es nur ein ganz klein wenig. Dies ist der Punkt, an dem viele Menschen stecken bleiben – wie wir gesehen haben. Wenn uns Unrecht getan wurde, können wir es oft selbst kaum fassen, sobald wir die ersten zarten Regungen eines Mitgefühls für den Täter oder die Täterin verspüren. Sa' und Ch'idzigyaak verspürten diese ersten Regungen, als sie nachempfinden konnten, in welcher Zwangslage ihr Volk steckte. Die beiden Frauen hätten sehr leicht verhungern können; sie wussten aus eigener Erfahrung, was extremer Hunger und Entbehrungen bedeuteten. Als sie erfuhren, dass unschuldige Kinder der Hungersnot zum Opfer gefallen waren, teilten sie ihre Nahrungsvorräte mit dem Stamm.

Nun folgte die Möglichkeit zur Versöhnung, die sorgfältig und mit Bedacht erwogen werden musste. Die Frauen gingen sehr weise mit der Aussicht auf Versöhnung um. Das Vertrauen, das sie zu ihrem Stamm einmal gehabt hatten, war an dem Tag zerbrochen, an dem dieser sie zurückließ. Die Frauen unternahmen langsame und sorgfältige Schritte hin zu einer Versöhnung, die für alle Beteiligten so lange ungewiss blieb, bis sie tatsächlich eintrat. Sie legten die Grundregeln fest und verlangten von dem Stamm, Abstand zu halten und zunächst nur begrenzt Kontakt aufzunehmen. Der Stamm wiederum zeigte seine Versöhnungsbereitschaft dadurch, dass er mit den Bedingungen der Frauen einverstanden war. Er hätte die Frauen ja auch einfach überwältigen und sich mit ihren Nahrungsvorräten aus dem Staub machen können. Stattdessen aber wollte er seine Vertrauenswürdigkeit beweisen, indem er den Frauen den Respekt erwies, den er ein Jahr zuvor hatte vermissen lassen.

Und jetzt kommen wir zu jenem bisher unerforschten letzten Element, das der Menschheit inmitten allen Unrechts Hoffnung schenkt. Erinnerst du dich an das Märchen vom „Vergeben und Vergessen"? Als Vergebende „vergisst" du nicht dadurch, dass du deine Erinnerung tilgst, sondern dadurch, dass du in Gedanken bewusst nicht mehr bei dem Unrecht verharrst. Doch schaue dir an, welche Wendung diese Geschichte nimmt: Sie ist das Märchen vom „Vergebung erfahren und nie vergessen". Der Stamm *gedachte* absichtlich des Unrechts, das er begangen hatte, um so dafür zu sorgen, dass so etwas nie wieder geschehen würde.

Stelle dir einmal vor, was passieren würde, wenn jeder, dem du vergeben hast, sich absichtlich immer an sein Unrecht, seinen Betrug oder seine Gemeinheit erinnern wollte, damit er so etwas garantiert nie wieder tut. Was wäre, wenn aus dem Täter ein besserer Mensch würde, allein aufgrund der Vergebung, die du ihm geschenkt hast?

Man kann nur hoffen.

Danksagungen

Mein Dank geht an:

Maura Shaw, meine Lektorin bei SkyLight Paths (dem amerikanischen Originalverlag), die mir dieses Projekt vorgeschlagen und mir während der Arbeit daran immer wieder Mut zugesprochen hat.

Palmer Jones, meinen Lektor bei Explorefaith.org, der mich einlud, für die Website über Vergebung zu schreiben. Dieser Artikel fiel Maura auf und führte schließlich zu diesem Buch.

Die vielen Menschen in meinem Leben, die mich Unschätzbares über Vergebung gelehrt haben. Einige habe ich genannt, andere nicht, und in manchen Fällen soll das auch so bleiben, denn sie haben mich durch ihr Negativbeispiel gelehrt, wie man es *nicht* macht. Die meisten Ungenannten jedoch sind anonyme Menschen, die in ihrem Alltag auf eine Art und Weise Vergebung und Versöhnung gezeigt haben, die denkwürdig ist, auch wenn ihre Namen in Vergessenheit geraten.

Das ganze Team bei SkyLight Paths. Es war eine wunderschöne Erfahrung mit euch!

Quellennachweise

Kapitel Fünf ist in Anlehnung an eine Kolumne entstanden, die ursprünglich auf www.explorefaith.org erschienen ist.

Die Bibelzitate stammen aus verschiedenen Bibel-Übersetzungen. Zitate ohne nähere Angaben sind der Lutherbibel von 1984 entnommen; bei allen anderen Zitaten ist die jeweilige Übersetzung angegeben.

Die *Zwölf Schritte* sind der Internetpräsenz der *Anonymen Alkoholiker* im deutschsprachigen Raum entnommen. Alle Rechte liegen bei AA-Grapevine Inc. New York / Anonyme Alkoholiker Interessengemeinschaft e. V.
Dass die *Zwölf Schritte* hier aufgenommen wurden, bedeutet nicht, dass die Anonyme Alkoholiker Interessengemeinschaft e. V. den Inhalt dieses Buches geprüft oder abgenommen hat oder den darin dargestellten Ansichten zustimmt. Die Anonymen Alkoholiker sind für Alkoholiker und ihre Angehörigen da; werden die *Zwölf Schritte* für andere Programme oder Aktivitäten nach dem Muster der A. A. übernommen, so bedeutet dies nicht, dass diese Programme von den A. A. mitvertreten werden. Darüber hinaus vertreten die A. A. eine spirituelle, jedoch keine religiöse Haltung. Die A. A. sind daher keiner Sekte, Konfession oder bestimmten religiösen Richtung angeschlossen oder verbunden.

Literatur-Empfehlungen

Campbell, Joseph, *Der Heros in tausend Gestalten*, Insel
    Verlag 2011
Flanigan, Beverly, *Nicht vergessen und doch vertrauen*,
    Rowohlt 1994
Lindahl, Kay, *Mit dem Herzen hören. Von der Kunst des
    richtigen Zuhörens*, Knaur TB 2007
Meyer, Joyce, *Tu dir selbst einen Gefallen – vergib!
    Lerne dein Leben durch Vergebung in den Griff zu
    bekommen*, Joyce Meyer Ministries, 2012
Simon, Dr. Sidney B. und Simon, Suzanne, *Verstehen,
    Verzeihen, Versöhnen. Wie man sich selbst und
    anderen vergeben lernt*, Scherz 1992
Smedes, Lewis B., *Vergeben und Vergessen. Über die
    heilende Kraft der Vergebung*, Francke-Buchhandlung
    2001
    Die Gabe der Gnade, Francke 1992
Stolp, Hans, *Die erlösende Kraft des Verzeihens*, Aquamarin
    2012
ten Boom, Corrie, *Die Zuflucht*, Hänssler 2011
Wallis, Velma, *Zwei alte Frauen. Eine Legende von Verrat
    und Tapferkeit*, Piper 2005
Williamson, Marianne, *Illuminata. Gedanken und
    Meditationen für eine Rückkehr zur Liebe*, Goldmann
    1996

Über die Autorin

Marcia Ford ist ehemalige Redakteurin und Kolumnistin vieler bedeutender christlicher Zeitschriften und Internet-Magazine sowie Autorin von achtzehn Büchern. *Die heilige Kunst der Vergebung* ist ihr erstes Buch, das auch auf Deutsch erscheint.

Durch aufrichtiges Vergeben alte Bande lösen und wahrhaft frei werden

Die erlösende Kraft des Verzeihens
Hans Stolp
(ISBN 978-3-89427-0618-8)
Taschenbuch

Die größte Schwierigkeit, die auf dem geistigen Pfad vor den meisten Menschen liegt, ist
die fehlende Bereitschaft, alte Verletzungen
zu vergeben oder Menschen zu verzeihen,
die einem einst geschadet haben. Es wird
dabei weitgehend übersehen, dass derjenige,
dem durch dieses Verhalten am meisten
geschadet wird - man selbst ist! In seinem
berührenden und aufrüttelnden Buch weist
Hans Stolp Wege, um aus der Falle des Nicht-Verzeihen-Könnens herauszufinden. Wem es gelingt, sich alte Verletzungen oder Kränkungen
wirklich bewusst zu machen und durch die Liebe zu verwandeln, wird
eine neue innere Freiheit finden. Eine Freiheit, die dann eine außeror-
dentliche Heilkraft entfaltet, um am Ende dieses Prozesses dem Leben einen neuen Menschen zu schenken. Ein wundervoller Wegbegleiter durch
die Schwierigkeiten menschlicher Beziehungen und ein wahrer Führer
ins LICHT.